KB195776

2,500년 변치 않는
지혜를 새기기 위한
필사노트

마음의 소란을
다스리는
철학의 문장들

— 제갈건 —

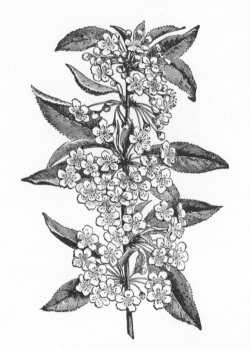

클랩북스

일러두기

- 모든 원문의 하단에는 저자의 해설이 실려 있습니다. 원문과 해설 중 원하는 문장을 자유롭게 골라 필사해 보세요.
- 한글 원문에는 저자의 의역이 포함되어 있습니다.
- 이 책에 나오는 문장의 제목들은 원문과 상관없이 새로 붙여진 것입니다.
- 3장에 실린 〈중용〉과 〈대학〉은 《예기》의 편입니다.

한 문장을 백 번 쓰면
그 말은 나의 일부가 된다

백문불여일견. '백 번을 간접적으로 전해 듣는 것이 한 번을 직접 보는 것만 못하다'는 이 말은 우리에게 익숙하다. 후대 사람들은 이로부터 영감을 얻어 '백 번을 직접 보는 것이 한 번 스스로 깨닫는 것만 못하다'는 백견불여일각, '백 번 스스로 깨닫는 것이 그 깨달음을 실제 행동으로 한 번 옮겨 보는 것만 못하다'는 백각불여일행의 표현을 하였다.

　예컨대 축구라는 운동을 생각해 보자. 축구가 재미있다는 것을 백 번 전해 듣는 것이 축구 경기를 한 번 직접 보는 것만 못하다. 축구 경기를 백 번쯤 직관하다 보면 어느 순간 '아, 이래서 축구가 재미있구나' 하는 깨달음을 얻는다. 하지만 아무리 보고 듣고 깨달아도 느낄 수 없는 것이 있다. 내가 직접 찬 공이 힘차게 날아가 골망을 뒤흔들 때의 전율이다. 이는 오직 실제 행동을 통해서만 느껴볼 수 있다.

이런 의미에서 '붓으로 베껴 옮긴다'는 뜻의 필사(筆寫)는 무척 중요하다. 필사는 가장 쉽고도 직접적인 실천이며 장차 내 행실에 변화를 줄 훌륭한 운동이다.

동양철학을 배울 때였다. 우리 대학에서는 매해 여름마다 임간 수업을 떠났다. 임간 수업은 숲속 고요한 곳에서 펼쳐지는 가르침을 의미한다. 여름이 되면 대다수 학생이 지방의 서원에서 숙식하며 고전에 담긴 문장들을 열심히 외우곤 하였다.

하지만 조용한 숲속에 갔다고 하여서 갑자기 대단한 암기력이 생기진 않았다. 임간 수업의 마지막 날에는 학생 전원이 모여 그간 공부한 내용을 바탕으로 시험을 치러야 했다. 서울로 돌아갈 날이 다가올수록 학생들의 표정은 어두워졌고 마음은 분주해졌다. 그때 교수님께서 해주셨던 말씀이 여전히 기억에 남는다.

"한 문장을 백 번 읽으면 대개 그 문장은 절로 외워집니다. 그래도 안 되면 한 문장을 백 번 써보세요. '나는 한 문장을 백 번 읽고 백 번 썼는데도 외워지질 않는다' 하는 학생에게는 시험 결과에 관계없이 그냥 가장 우수한 성적을 주겠습니다. 어쨌든 정성 어린 노력을 다했단 것만은 틀림없으니까요. 하지만 아마 그런 학생은 나오지 않을 겁니다. 한 문장을 백 번 쓰면 그 문장은 외워질 뿐 아니라 어느새 나의 일부가 되어 버리니까요."

실제로 그해 임간 수업에서 한 문장을 백 번 읽고 백 번 썼지만 끝내 외우지 못했다는 학생은 나오지 않았다. 대신 그해 임간 수업을 떠난 학생들 가운데 각종 고시에 합격한 이들이 많이 나왔다. 어느 날 우연히 만난 동문은 이렇게 말했다.

"하루에 볼펜 한 자루가 꼬박 다 닳도록 쓰고 또 썼던 일. 그게 내 합격의 비결이 아니었나 싶어. 그때 공부한 것들을 아직까지도 써먹는다니까. 읽어본 건 쉽게 잊혀도 써본 건 쉽게 안 잊히는 것 같아."

붓글씨 쓰기를 주된 일로 삼았던 동양의 서예가들은 이렇게 말했다. "글씨를 베끼는 것에는 다음의 3단계가 있다. 첫째는 글씨의 꼴을 베껴 써보는 것이다. 둘째는 글씨의 뜻을 베껴 써보는 것이다. 셋째는 등을 돌리고 써보는 것이다." 앞선 누군가의 글을 그대로 베껴 쓰다 보면 그 글에 담긴 의미까지 베낄 수 있게 된다. 의미를 베끼는 일이 익숙해진 다음에는 구태여 다른 누군가의 글을 보지 않고도 나의 글을 쓸 수 있게 된다.

이는 동양 고전에 담긴 글을 필사하는 일에도 동일하게 적용될 수 있는 원리가 아닐까 싶다. 선현들의 글을 필사하다 보면 그들이 글을 통해 전하고자 하는 뜻을 자연스레 알 수 있게 될지도 모른다. 그 다음에는 내가 깨닫게 된 것들을 다시 나만의 언어로 남들에게 전할 수 있게 될지도 모른다.

이런 일들이 계속되면 어떻게 될까. 동양 고전에 담긴 지혜들도 다름 아닌 우리 자신을 통해서 오늘날에 잘 맞아떨어지도록 재해석될 것이다. 또 저마다 파악한 선현들의 지혜로 용기와 희망, 위로와 격려

.....

를 주고받게 될 것이다. 그러한 과정 속에서 고전의 문장에는 비로소 생기가 돌기 시작할 것이고, 선현들은 되살아나 우리 삶의 순간순간마다 필요한 지혜를 제공해줄 것이다.

이 필사책과 인연이 닿을 분들께서 동양 고전에 담긴 선현들의 말씀을 써보며 꼭꼭 씹어 소화해낼 수 있기를 간절히 바라게 된다. 완전히 소화시킨 뒤에 그들의 지혜를 자신만의 언어로 세상과 공유할 수 있게 되기를 절실히 빌게 된다. 이로써 우리가 발을 딛고 살아가는 이 세상은 조금이나마 더 풍요로운 곳이 되리라 믿어 의심치 않는다.

마음의 공허를 채워주는 배움의 문장들
《맹자》

날마다 채우고 쌓는 과정이 필요하다 ··· 065

소진된 마음을 회복하는 균형의 문장들
⟨중용⟩⟨대학⟩

균형 있는 삶을 산다는 것

삶의 내공을 기르는 처세의 문장들
《한비자》

세상을 이롭게 하는 사랑의 문장들
《묵자》

두루 사랑할 수 있어야 행복하다

마음의 소란을 다스리는 지혜의 문장들
《장자》

여유로운 하루를 위한 길라잡이

괜찮은 내일을 향한 변화의 문장들
《주역 계사전》

나의 마음과 나누는 대화는 뜻깊다

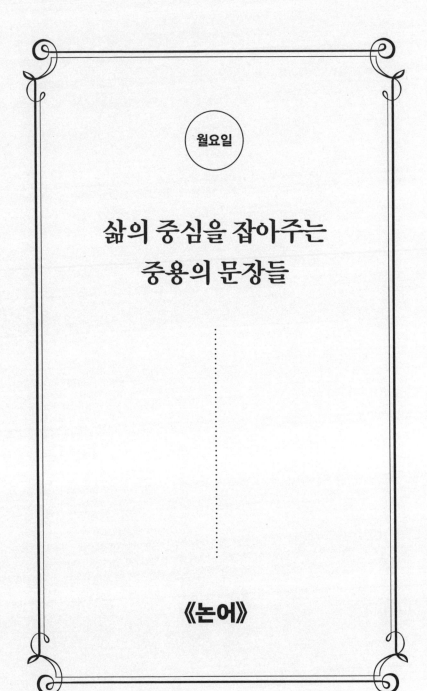

월요일

삶의 중심을 잡아주는
중용의 문장들

《논어》

중심을 잃으면 여러 날을 비틀거려야 한다

새로운 시작은 무척 설레기도 하지만 동시에 부담스럽기도 하다. 고대했던 여행처럼 이런 순간이 언제 다시 올지 알기 어려운 일의 시작은 설레는 경우가 많다. 손꼽아 기다렸던 방학처럼 꽤 오래 지속될 무언가에 대한 시작 역시 설레는 경우가 많다. 하지만 월요일은 어떠한가. 주말이 지나면 어김없이 찾아오는 월요일. 다람쥐가 쳇바퀴를 돌듯 뻔한 하루가 시작되리라 생각하게 되는 월요일은 대체로 마음이 부담스럽고 맞이하기 싫은 경우가 더 많다. 이처럼 똑같이 반복되는 시작이란 약간 지겹게 느껴지기도 한다. 그러나 어쩌면 정말 지루한 것은 월요일 그 자체라기보다 이러한 순환 구조 속에 갇힌 '나의 삶'일지도 모른다.

월요일의 시작은 공평하다. 월요일을 휴일로 보낸다고 해서 삶에 월요일이 찾아오지 않는 것은 아니다. 우리 모두의 삶에 월요일은 어

.....

김없이 찾아오고 또 찾아온다. 이처럼 끊임없이 순환하는 구조 속에서 가장 필요한 것이 있다면 바로 '축'일 것이다.

회전의 축을 '중심'이라고 한다. 우리의 삶이 죽는 순간까지 멈추지 않는 팽이라고 생각해 보자. 중심이 잘 잡힌 팽이는 쌩쌩 소리를 내며 잘 돌아간다. 하지만 중심이 흐트러진 팽이는 언제 쓰러질지 모를 모양으로 내내 비틀거리며 그것을 보는 사람까지 조마조마하게 만든다. 일주일의 시작인 월요일은 팽이를 땅에 굴리는 순간과도 같다. 월요일에 중심을 잘 잡은 사람은 남은 요일도 별 무리 없이 잘 돌아갈 가능성이 높다. 하지만 중심을 잃은 채 떨어진 사람은 중심을 잡기까지 여러 날을 비틀거려야 한다.

공자는 충(忠)을 몹시 중요하게 생각하여 강조했던 인물 가운데 하나다. 충은 가운데를 뜻하는 중(中)과 마음을 뜻하는 심(心)이 결합된 글자다. 그러므로 공자의 말씀이 주로 담긴 《논어》를 필사하며 월요일을 시작하는 것은 일주일의 중심을 잡는 좋은 방편이 될 수 있다.

동양에서 중이란 단순히 가운데만을 의미하지 않는다. 예를 들어 길이가 30센티미터인 자가 있다고 생각해 보자. 그 자의 한가운데를 우리는 15센티미터 지점으로 떠올리기 쉽다. 수학적으로 이는 맞는 계산이다. 하지만 삶은 그런 식으로 흘러가지 않는다. 수학에는 정답이 있지만 우리 삶에는 정답이 없는 경우가 많고, 수학은 공식대로 딱딱 맞아떨어지지만 우리 삶은 계획이 틀어지는 경우도 많다.

동양에서 중이란 균형을 뜻한다. 우리의 인생을 30센티미터 자라고 가정해 보자. 현재 내 삶이 25센티미터 지점에서 끝을 향해 치닫고 있다면, 다시 중간 지점인 15센티미터로 돌려놓으려는 노력이 곧 중이다. 그 반대도 마찬가지다. 내 삶이 5센티미터 지점에서 버벅거리고 있다면 15센티미터에 가까워지도록 밀고 나가는 것이 곧 중이다. 그러므로 중은 평행을 맞춰 나가려는 힘 없이는 성립할 수 없는 시소놀이와 같다. 끊임없이 삶의 균형을 회복해 나가려는 의지와 노력 없이는 실현될 수 없는 것이 중이다. 멈춰 있는 어느 한 지점이 아니라 쉬지 않고 움직여야 익힐 수 있는 삶의 평형감각인 셈이다.

이렇게 보면 충이란 곧 '어느 한쪽으로 치우쳐 있지 않은 마음 상태'를 뜻한다. 설령 치우쳐 있더라도 다시 균형을 잡아 나가려는 노력을 의미하며, 치우쳐 있지 않다면 그 상태를 쭉 유지해 나가려는 의지를 뜻한다. 이러한 노력을 정성껏 기울이고 이러한 의지를 진실로 불태우는 사람을 일러서 우리는 충성스러운 사람이라고 한다.

이처럼 자신의 삶에 충성을 다하는 길은 마음의 균형, 즉 중심을 잘 잡아 나가는 일에 달려 있다고 해도 과언이 아니다. 중심이 잘 잡힌 상태로 맞이하는 월요일은 흐트러지지 않은 일주일을 만들고 균형 잡힌 일주일은 다시 중심이 튼튼한 한 달을 만든다. 그러한 한 달이 모이면 마음이 편안한 일 년이 되고, 그 일 년이 쌓이면 나의 삶은 충성스러운 한평생으로 마무리될 수 있을 것이다.

《논어》에 담긴 여러 구절을 필사하심으로 일주일의 시작인 월요일을 균형 잡힌 마음으로 시작할 수 있기를 마음 깊이 바란다.

......

남이 나를
알아주지 않더라도

남이 나를 알아주지 않더라도 화가 나지 아니하니 또한 군자답지 아니한가!

— 〈위정〉

동양에서 군자란 대인(大人)과 같은 말이며 대인이란 몸집이 큰 사람이 아니라 마음이 넓은 사람을 의미합니다. 기대했던 상황에서 남들로부터 칭찬과 인정을 받지 못하더라도 크게 서운해하지 않는 것은 마음이 넓은 사람만이 할 수 있는 일입니다.

002 군자는
그릇처럼 살지 않는다

군자는 그릇처럼 살지 않는다.

군자는 두루두루 어울리되 특정한 사람하고만 친하지 않다. 소인은
특정한 사람하고만 친하고 두루두루 어울리지를 못한다.

— 〈위정〉

동양에서 그릇이란 마음의 크기를 뜻합니다. 공자는 큰 그릇을 넘어 한
계가 없는 그릇이 되기를 꿈꿨던 인물입니다. 끝이 보이지 않는 넓은 마
음으로써 나를 미워하고 적대시하는 사람까지도 품어주는 일. 공자는
그것이 군자의 사명이라고 믿었던 듯합니다.

003 때에 따라
알맞은 도리를 지킨다

군자가 세상을 살아가는 모습이란 해야만 된다는 것도 없고 하지 말아야만 된다는 것도 없다. 때에 따라 알맞은 도리를 지키고 알맞게 어울린다.

—〈이인〉

'무조건 돼'라거나 '절대 안 돼'라는 말을 들었을 때 가장 처음 드는 느낌은 너무나 극단적이라는 것입니다. 군자는 때와 상황을 먼저 살피고, 다만 때에 어긋나지 않도록 자신의 삶을 맞추어 나갑니다. 누구와는 무조건 어울리지 말라거나 누구와는 무조건 어울리라는 등의 태도도 갖지 않습니다. 그저 상황에 따라 누구와도 잘 어울릴 수 있도록 자신을 준비시킬 뿐입니다.

004 말에 허물이 적고
행실에 후회가 적은 사람

자장이 벼슬 얻는 방법을 배우고자 하니 공자께서 말씀하셨다.
"많이 듣고서 의심스러운 부분은 빼놓고 그 나머지를 조심스럽게 말하면 허물이 적을 것이다. 많이 보고서 위태로운 부분은 빼놓고 그 나머지를 조심스럽게 행하면 후회가 적을 것이다. 말에 허물이 적고 행실에 후회가 적으면 벼슬은 그 가운데에 있게 된다."

— 〈위정〉

주워들은 말 가운데 가장 대표적인 것이 바로 소문입니다. 들려온 것만 듣는 귀보다 들려온 것을 걸러낼 수 있는 귀가 있어야, 보이는 것만 보는 눈보다 보이지 않는 것까지 볼 수 있는 눈이 있어야 덕스럽게 세상을 살아갈 수 있습니다.

005 진정한 잘못

잘못이 있음에도 고치지 않는 것, 그것을 잘못이라고 한다.

— 〈위령공〉

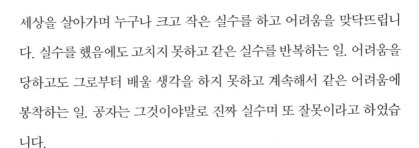

세상을 살아가며 누구나 크고 작은 실수를 하고 어려움을 맞닥뜨립니다. 실수를 했음에도 고치지 못하고 같은 실수를 반복하는 일. 어려움을 당하고도 그로부터 배울 생각을 하지 못하고 계속해서 같은 어려움에 봉착하는 일. 공자는 그것이야말로 진짜 실수며 또 잘못이라고 하였습니다.

사람은 반드시
직접 겪어볼 것

많은 사람이 그를 미워하더라도 반드시 살펴보아야 하고 많은 사람이 그를 좋아하더라도 반드시 살펴보아야 한다.

— 〈위령공〉

누군가를 직접 겪어보지 않고는 도저히 알 수 없는 것들이 있습니다. 또 오랜 시간 직접 겪어보았다고 하여서 그를 모두 알게 되었다고 할 수 없습니다. 남들의 평가나 판단을 뒤로한 채 누군가를 자세히 살필 때 어느 순간 와닿는 느낌. 어쩌면 그것이야말로 그 사람의 가장 진실한 모습일 수 있습니다.

유익한 벗과 해로운 벗

유익한 것에도 세 종류의 벗이 있고 해로운 것에도 세 종류의 벗이 있다. 정직한 사람을 벗 삼고 성실한 사람을 벗 삼으며 견문이 넓은 사람을 벗 삼으면 유익하다. 편협한 사람을 벗 삼고 자신의 신념을 잘 굽히는 사람을 벗 삼으며 말만 번지르르한 사람을 벗 삼으면 해롭다.

—〈계씨〉

유익한 벗은 유익한 삶에 이바지하고 해로운 벗은 해로운 삶에 일조합니다. 솔직함이란 사실을 말하는 것이며 정직함이란 스스로의 마음에 진실한 것입니다. 성실함이란 정성을 다함으로써 결실을 맺는 것입니다. 넓은 견문은 넓은 마음과 직결됩니다. 매사 정직하고 성실하며 또 마음이 넓은 사람은 유익한 벗입니다. 반면 마음이 좁아 너그럽지 못하고 줏대가 없으며 행동보다 말이 앞서는 사람은 해로운 벗입니다.

사람도 말도
잃지 않는 방법

말을 해야 함에도 말을 하지 않으면 사람을 잃는 것이고 말을 하지 말
아야 함에도 말을 하면 말을 잃는 것이다. 지혜로운 사람은 사람도 잃
지 않고 말도 잃지 않는다.

—〈위령공〉

말을 해야 할 때와 하지 말아야 할 때를 구분하는 것은 중요합니다. 지
혜로운 사람이 말과 사람을 모두 지킬 수 있는 이유는 말하되 때를 살피
기 때문입니다. 또 충고하되 자주 하지 않기 때문입니다. 때가 좋지 않
음을 뻔히 알면서도 충고하고 싶은 마음에 입이 근질거리는 경우가 생
기기도 합니다. 그럴 땐 충고의 방향을 돌려서 충고하고 싶어 안달이 난
스스로를 타이르는 것도 좋은 방법이 됩니다.

009 본받고 반성하는 마음

어진 사람의 행실을 보면 그와 같아질 것을 생각하고 어질지 못한 사람의 행실을 보면 마음속으로부터 스스로 반성해야 한다.

―〈이인〉

어질다(賢)에는 낫다(better)는 뜻이 담겨 있습니다. 나보다 나은 사람을 보면 시샘이 일기 쉽고 나보다 못한 사람을 보면 비난하고픈 마음을 갖기 쉽습니다. 하지만 공자는 그 반대로 해야 함을 강조합니다. 나보다 나은 사람을 본받고자 하고, 나보다 못한 사람으로부터 '내게는 저런 면이 없는가' 자문하며 반성함이 좋겠습니다.

010 실천보다 말이
앞서지 않아야 한다

옛날에 말을 함부로 내지 않은 것은 몸소 실천함이 미치지 못하게 될 것을 부끄러워했기 때문이다.

군자는 말은 어눌하게 하고 행동은 민첩하게 하고자 해야 한다.

—〈이인〉

실천보다 말이 앞서는 사람은 함께 지낼수록 매력이 떨어집니다. 하지만 실천으로 스스로의 뜻을 전달하는 사람은 함께할수록 믿음직스럽고 든든합니다. 옛사람들이 말부터 내뱉지 않았던 것은 그 말을 지키지 못하게 되었을 때의 부끄러움까지 고려했기 때문입니다.

011 늘 외로운 사람과
외롭지 않은 사람

덕 있는 사람은 외롭지 않고 반드시 이웃이 있다.

—〈이인〉

덕이란 남의 부족함과 모자람을 품어줄 수 있는 마음입니다. 남의 부족함을 지적하고 남의 모자람을 비웃는 사람은 언제나 외롭습니다. 하지만 남의 부족함과 모자람을 품어줄 줄 아는 사람은 외롭지 않고 그 주변에는 늘 많은 이웃이 있게 됩니다.

012 스승의 조건

옛것을 파악하여 새로운 것을 알아야 스승이 될 수 있다.

— 〈위정〉

옛것을 배워 알게 되는 일은 중요합니다. 하지만 그보다 더 중요한 것이 있다면 내가 알게 된 것을 전부로 여기지 않을 수 있는 마음일 것입니다. 나의 경험과 지식을 바탕으로 '지금 여기(Now&Here)'와 상통할 수 있는 사람은 누군가의 스승이 되기에 부족함이 없다고 하겠습니다.

013
이익을 따라 움직이면
원한이 많게 된다

이익을 따라 움직이면 원한이 많게 된다.

—〈이인〉

동양에서 '의로움'의 반대말은 '이로움'입니다. 매사 이익만 좇아 행동하다 보면 의리를 잊기 쉽고 자연스레 남에게 원망을 사는 일도 많아집니다. 군자는 이를 알아 이로움과 의로움의 균형을 추구합니다. 하지만 소인은 어떻게든 이익만을 보고자 노력합니다. 그래서 공자는 '군자는 의로움에 민감하고 소인은 이로움에 민감하다'고 하였습니다.

정직함의 힘

사람이 살 수 있는 바탕은 정직이다. 속이는 사람들이 살아가고 있는 것은 요행히 죽음을 면하고 있는 것일 뿐이다.

─〈옹야〉

공자는 자신의 마음을 속이지 않는 것이야말로 삶에서 가장 중요한 일임을 강조합니다. 정직하지 못한 사람이 치러야 하는 대가는 늘 부끄러움에 사로잡혀 있을 수밖에 없다는 것입니다. 부끄러움은 쉽게 치료할 수 없는 질병입니다. 그러한 질병에 시달리는 사람은 삶의 바탕을 잃어가는 사람과도 다를 바 없습니다.

015 배움이란
산을 쌓는 것과 같다

배움이란 비유하자면 산을 쌓는 것과도 같다. 마지막 한 삼태기를 완성하지 못하고 그만두더라도 내가 그만두는 것이다. 또 배움이란 비유하자면 땅을 고르는 것과도 같다. 비록 한 삼태기를 부어서 나아가더라도 내가 나아가는 것이다.

— 〈자한〉

누구도 나를 대신하여 배워주거나 깨달아 줄 수 없습니다. 배움이란 내 삶에서 선택과 결정의 주체는 언제나 나 자신임을 알아 나가는 과정입니다. 또 배움이란 내가 내린 선택과 결정의 책임 역시 언제나 내게 있음을 깨달아 나가는 과정입니다.

각자의 계절이 있다

해가 추워진 다음에야 소나무와 측백나무가 나중에 돋보임을 알 수
있다.

— 〈자한〉

소나무와 측백나무의 푸르름은 겨울이 온 다음에야 돋보입니다. 넉넉
하고 풍요로운 상황에서는 누구나 여유로울 수 있지만 어렵고 힘든 상
황에서는 내 한 몸 추스르기도 벅찬 경우가 많습니다. 여유로울 때 더불
어 살고자 노력하기란 쉽지만 부족할 때에도 더불어 살고자 노력하기
란 어렵습니다. 부족할 때조차 더불어 살고자 노력하는 사람은 진정 아
름답습니다.

017 지혜로운 사람은
혹하지 않는다

지혜로운 사람은 혹하지 않고 인(仁)한 사람은 근심하지 않으며 용감
한 사람은 두려워하지 않는다.

— 〈자한〉

지혜로운 사람은 마음이 여유롭고 신중하기에 사람들의 반응에 쉽게
혹하지 않습니다. 인(仁)이란 결코 나 혼자 사는 세상이 아닌, 모두가 더
불어 사는 세상이라는 믿음입니다. 그런 믿음을 간직한 사람은 스스로
를 믿고 남들을 믿으며 또 세상을 믿기에 과도한 걱정으로 자신을 괴롭
히지 않습니다. 진정 용감한 사람은 두려워 마땅한 순간에도 마음의 평
정을 잃지 않습니다. 어떤 상황에서도 마음의 평화를 깨뜨리지 않는 힘
이 있기 때문입니다.

018 군자는 장점을 보고
소인은 단점을 본다

군자는 남의 아름다운 것은 이루어 주고 남의 나쁜 것은 이루어 주지
않지만 소인은 이와 반대로 한다.

— 〈안연〉

남의 단점보다 장점을 보는 눈이 더 발달한 사람이 군자입니다. 때문에
군자는 다른 사람의 장점을 부각시켜 그 사람의 아름다운 면이 더욱 계
발될 수 있도록 돕습니다. 또 군자는 다른 사람의 단점을 발견했을 때
먼저 자신의 행실을 돌아봅니다. 하지만 소인은 되도록 남의 장점이 드
러나지 못하게 막습니다. 반면 단점은 더욱 강조하여 남들을 점점 더 나
쁜 방향으로 몰아갑니다.

019 사람에게
먼 헤아림이 없을 때

사람에게 먼 헤아림이 없으면 반드시 가까운 근심이 있다.

— 〈위령공〉

상상을 통해 미래를 유추하는 능력은 사람을 사람이게끔 하는 주요한 것입니다. 먼 데까지 보아야 멀리 뛸 수 있고 먼 곳까지 미루어 보아야 가까운 곳에서 변수가 생기더라도 계속 추진할 수 있음을 잊지 말아야 좋겠습니다.

020 가르침만 있을 뿐
차별함은 없다

가르침만 있을 뿐 차별함은 없다.

— 〈위령공〉

차별은 '다름을 틀림으로 여긴다'는 뜻입니다. 사람은 비슷한 듯하면서
도 모두 조금씩은 다릅니다. 어쩌면 진정한 가르침이란 다르다고 하여
서 결코 틀린 것은 아님을 일깨우는 것으로부터 시작될지도 모릅니다.
다름이 틀림이 아님을 알게 될 때 세상은 조화로워질 수 있습니다.

화요일

마음의 공허를 채워주는
배움의 문장들

《맹자》

날마다 채우고 쌓는 과정이 필요하다

화요일은 인생으로 비유하자면 유아기 정도에 해당하지 않을까 싶다. 유아기란 어떠한가? 걸음마를 떼고 조금씩 말도 시작하지만 세상은 여전히 낯설고 모르는 것투성이다. 예컨대 새로운 직장에 출근한 첫 주의 화요일도 비슷할 것이다. 분위기는 아직도 생소하고 함께 일하는 동료들은 누가 누군지 알기 어렵다. 자연스레 '나는 누구고 여기는 어디인가?' 싶은 생각에 사로잡히기 쉽다. 그럴 때 누군가가 한눈에 알 수 있는 조직도나 잘 설명된 내규를 건네준다면 무척 고마울 것이다. 이처럼 직장 생활에 조직도나 내규가 도움이 되듯이 우리 삶에도 일정한 원칙이 있다면 큰 도움이 된다.

《맹자》는 인생이라는 여정을 헤쳐 나가는 데 구체적인 도움이 되는 매뉴얼이다. 흔히 맹자를 아성(亞聖)이라고 한다. 아성은 성인(聖人)에 버금간다는 뜻이다. 그렇다면 맹자는 어쩌다 아성이 되었을까?

......

공자는 동양을 대표하는 성인이다. 《논어》는 동양인들의 성서다. 맹자는 이러한 공자의 명맥을 이었다. 그리고 《논어》에 담긴 공자의 생각들을 논리정연하게 재해석했다. 공자는 사람이 사람답기 위해 바라보아야 할 큰 바위를 하나 세워놓았다. 맹자는 그 바위로 정성껏 조각을 했다. 사람들은 맹자의 조각을 보며 사람이 사람답기 위해 마땅히 가야 할 길을 걸어갈 수 있었다.

맹자가 살았던 때에는 여러 철학자가 각자의 뜻을 마음껏 펼쳤다. 이 시기를 백가쟁명(百家爭鳴)의 시대라고 한다. 백가쟁명이란 다양한 학문과 철학이 거리낌 없이 토론하고 경쟁한다는 뜻이다. 맹자 시대엔 다양한 견해가 인정받을 수 있었다. 또 일률적인 철학으로 전체를 통일하려 하지 않는 자유분방함이 있었다. 이는 맹자 시대의 분명한 빛이다.

하지만 빛이 강렬하면 그만큼 그림자도 짙다. 맹자 시대의 철학자들은 저마다 자기 사상의 우수함을 입증하기 위해 열심히 노력해야 했다. 때로는 자기와 다른 생각을 신랄하게 비판하지 않을 수 없었고 그러한 논쟁을 통해 사람들을 설득하지 못한 철학은 주류로 인정받지 못했다.

맹자는 공자로부터 발전시킨 자신만의 철학을 통해 쟁쟁한 사상들과 투쟁하였다. 그리고 마침내 유학의 탁월함을 입증한다. 맹자를 통해 유교는 동양에서 하나의 종교가 되었다. 종교란 누구나 고개를 끄덕일 수 있는 큰 가르침이라는 뜻이다. 맹자는 공자가 남긴 크고 작은 구슬들을 하나로 꿰어 그 결과물을 사덕(四德)이라고 이름하였다.

사덕이란 인의예지(仁義禮智)를 가리킨다. 인이란 사람다움이다. 의란 사람답기 위해 마땅히 해야 할 일이다. 예란 사람답기 위해 필요한 마음가짐이자 태도이다. 지란 사람답기 위해 필요한 지식이다.

맹자는 인의예지의 사덕을 다시 사단(四端)으로 구체화한다. 사단이란 측은, 수오, 사양, 시비의 네 가지 마음이다. 측은지심이란 다른 사람의 불행을 불쌍히 여기는 마음이다. 수오지심이란 내 잘못을 부끄러워하고 남의 잘못을 나쁘게 여기는 마음이다. 사양지심이란 나를 내세우지 않고 남을 존중하여 배려하고 양보할 줄 아는 마음이다. 시비지심이란 옳고 그름을 분별할 수 있는 마음이다. 이처럼 맹자는 공자의 철학에 탄탄한 논리를 세웠다. 맹자가 제시한 사덕과 사단을 통해 유학은 시대를 막론하고 사람이 사람답기 위해 배워야 할 공부가 되었다.

이 책과 인연이 닿을 분께 화요일의《맹자》필사를 권하고 싶은 이유도 여기에 있다.《논어》,《맹자》등 유학적 사상의 주된 목적은 위학일익(爲學日益)이다. 이는 '배움을 통해 나날이 채워 나감이 있다'는 뜻이다. 앞서 화요일은 인생에 비유하자면 유아기 정도에 해당할 것이라 말씀드렸다. 열심히 세상을 배워 나가는 어린이에게는 날마다 채우고 더하며 쌓는 과정이 필요하다.《논어》는 잘 쌓고 잘 채워야 하는 이유를 말해준다.《맹자》는 잘 쌓고 잘 채울 수 있는 구체적이며 논리적인 방법을 제시한다.

새로운 직장의 분위기에 어느 정도 적응했다면 구체적인 업무를 파악해 나가야 한다. 우리 삶도 마찬가지다. 월요일에 큰 블록을 놓았다면 화요일부터는 그 위에 작은 블록들을 어떻게 쌓아 나갈지 그 구체적인 방법을 고민해야 한다.

　남은 일주일을 잘 살아내기 위해 고삐를 늦출 수 없는 날이 화요일이다. 화요일의 《맹자》 필사가 남은 일주일을 위해 질서 잡힌 매뉴얼을 제공할 수 있기를, 그 구체적인 그림을 그려 나가는 데 이바지할 수 있기를 바란다.

021 남에게 차마 그럴 수 없는 마음

사람에게는 모두 남에게 차마 하지 못하는 마음이 있다. 그 근거는 어린 젖먹이가 갑자기 우물로 들어가려는 것을 보게 되면 모두 깜짝 놀라서 불쌍하게 여기는 마음을 갖게 되는 것이다. 그런 마음을 갖게 되는 것은 어린 젖먹이의 부모와 교분을 쌓기 위함도 아니고, 마을 사람들과 친구들에게 칭찬을 듣기 위함도 아니며, 왜 가만히 보고만 있었느냐는 비난의 소리를 듣기 싫어서도 아니다.

— 〈공손추 상〉

'남에게 차마 그럴 수 없는 마음'이라는 불인인지심(不忍人之心)의 유래가 되는 대목입니다. 맹자는 구체적인 불인인지심으로 '남의 불행을 불쌍히 여기는 마음'인 측은지심(惻隱之心)을 꼽습니다. 맹자는 측은지심이 없다면 사람일 수 없다고 하였습니다.

022 도리가 아님을 알았다면
빠르게 그만둘 것

하루에 한 번 그 이웃의 닭을 훔치는 사람이 있는데 어떤 사람이 그에게 가서 "이것은 군자의 도리가 아니오"라고 했다. 그러자 그 사람이 "청컨대 그 수를 줄여서 한 달에 한 번, 딱 닭 한 마리씩만을 훔치다가 내년이 오거든 그만두겠다"라고 하였다. 만일 그것이 도리가 아님을 알았다면 빠르게 그만두어야 할 것이지 어찌 내년을 기다리는가?

—〈등문공 하〉

몰라서 저지른 잘못은 참작의 여지가 있습니다. 하지만 알고 나서도 계속되는 잘못은 참작의 여지가 없습니다. '딱 한 번만', '딱 오늘까지만'을 지금껏 얼마나 많이 반복했던가 반성하게 됩니다. 만일 문제의식을 느꼈다면, 뭔가 잘못되었음을 깨달았다면 그 즉시 멈출 수 있어야 좋겠습니다.

023 돌이켜 자기 자신으로부터 찾아본다

남을 사랑했는데도 친해지지 않았다면 자기의 인(仁)함을 반성하고 남을 다스리고자 했는데도 다스려지지 않았다면 자기의 지혜로움을 반성하며 남에게 예를 갖췄는데도 반응이 없다면 자기의 공경심을 반성한다. 자기의 행위에 대하여 만족스러운 결과를 얻지 못하는 경우에는 모두 자기로부터 그 원인을 찾아보아야 하는 것이니 자기 자신이 바르게 되면 세상이 그에게 돌아간다.

—〈이루 상〉

'돌이켜 자기 자신으로부터 찾아본다'라는 반구저기(反求諸己)의 유래가 되는 대목입니다. 누군가에게 지극히 잘하였다고 생각했지만 오히려 사이가 멀어지는 경우가 있습니다. 그럴 땐 남을 비난하기에 앞서 내가 그를 바로잡으려 한 방법이 잘못되지는 않았던가를 반성해야 합니다.

스스로의 가치는
스스로가 정한다

물이 맑으면 갓끈을 씻고 물이 흐리면 발을 씻음은 물 스스로 그렇게 만든 것이다. 사람은 반드시 스스로를 업신여긴 뒤에야 남들도 그를 업신여기고, 집은 반드시 스스로를 무너뜨린 뒤에야 남들이 그 집을 무너뜨리며, 나라는 반드시 스스로를 멸망시킨 후에야 남들이 그 나라를 멸망시킨다.

— 〈이루 상〉

스스로를 업신여기는 사람은 남들도 그를 업신여기고, 가족들이 우습게 여기는 집안은 남들도 그 집안을 우습게 여기며, 국민들이 사랑하지 않는 나라는 남들도 그 나라를 사랑하지 않습니다.

025 결코 나 혼자 사는 세상이 아님을 아는 것

인(仁)은 사람의 편안한 집이고 의(義)는 사람의 바른 길이다. 편안한 집을 비워둔 채 거처하지 않으며 바른 길을 버려두고 다니지 않으니 불쌍한 노릇이다!

—〈이루 상〉

오늘날 개인주의와 이기주의의 확산은 '그저 나 혼자 잘 먹고 잘 살면 그만이다'라는 생각을 낳기 쉬운 듯합니다. 결코 나 혼자 사는 세상이 아닌, 모두가 더불어 사는 세상이라는 믿음이 인(仁)입니다. 인은 세상을 편안한 집으로 만듭니다. 내 잘못을 부끄러워하여 고치고 남의 잘못을 미워하여 바로잡으려는 노력이 의(義)입니다. 의는 인간을 바른 길로 이끕니다. 편안한 집과 바른 길을 버리고 일부러 불편한 집과 굽은 길만을 찾아다니는 것은 가엾은 일이 아닐 수 없습니다.

026 평화는 늘
가장 가까운 곳에 있다

세상을 다스리는 방법은 가까운 곳에 있지만 그것을 먼 곳에서 구하며, 일은 쉬운 데에 있지만 그것을 어려운 데에서 구하는도다. 사람들이 자기의 어버이를 친하게 여기며 자기의 어른을 어른으로 섬기면 세상이 평화로울 것이다.

—〈이루 상〉

가장 가까이 있는 부모, 형제, 이웃과 친하게 지내지 못하며 멀리 있는 이들과 친하게 지낼 수 있는 경우는 없습니다. 가장 쉬운 일도 해내지 못하며 몹시 어려운 일을 해낼 수는 없기 때문입니다. 평화는 멀리 있지 않고 늘 가장 가까운 곳으로부터 시작됩니다. 평화는 어렵게 이룩되지 않고 늘 가장 쉬운 방법으로써 꽃을 피웁니다.

027 눈동자는 자기의 미움을 가리지 못한다

사람에게 있는 것 가운데 마음을 살필 수 있는 것으로는 눈동자보다 더 좋은 것이 없다. 눈동자는 자기의 미움을 가리지 못한다. 가슴 속의 마음이 바르면 눈동자는 밝다. 가슴 속의 마음이 바르지 않으면 눈동자는 흐리다. 그 말을 듣고 그 눈동자를 관찰한다면 사람들이 어떻게 숨길 수 있겠는가?

―〈이루 상〉

눈은 마음의 창이자 마음의 거울이라고 하였습니다. 눈동자를 가만히 응시하다 보면 그 속에 담긴 마음을 엿볼 수 있습니다. 중요한 것은 내 눈동자의 상태에 따라서 상대방의 눈동자도 다르게 보일 수 있다는 것입니다. 내 마음이 바르지 못하면 내 눈동자에 비친 상대방의 눈동자도 흐리게만 보입니다. 반면에 내 마음이 바르면 내 눈동자에 비친 상대방의 눈동자도 맑게만 보입니다.

028 스승 노릇 하기를
좋아하는 병

사람들의 질병은 남의 스승 노릇 하기를 좋아하는 데에 있다.

― 〈이루 상〉

맹자는 주관적인 나만의 생각과 불완전한 나만의 기준으로 함부로 남을 가르치고자 하는 것은 질병이라고 말합니다. 누군가의 스승이 되는 일과 누군가에게 스승 노릇 하는 일은 본질적으로 다릅니다. 스승 노릇은 나 홀로 하는 것일 수 있지만 스승이 되는 것은 진심으로 그렇게 여기는 많은 이들의 동의 없이 불가능합니다.

더불어 즐거워하라

사람들은 즐거움을 얻지 못하면 윗사람을 비난한다. 스스로 즐거워하지 못하며 윗사람을 비난하는 것도 잘못이고 윗사람이 되어 더불어 즐거움을 함께하지 않는 것도 잘못이다.

— 〈이루 하〉

'민중과 더불어 즐거워한다'는 여민동락(與民同樂)의 유래가 되는 대목입니다. 기쁨과 즐거움은 함께 나누면 배가 됩니다. 나의 즐거움을 남과 나눌 줄 아는 사람은 더욱 즐겁게 살아갈 수 있습니다.

030 큰사람의 조건

대인(大人)이란 태어난 지 얼마 되지 않은 아이였을 때의 마음을 잃지
않은 사람이다.

— 〈이루 하〉

태어난 지 얼마 되지 않은 아이는 자신이 본래 타고난 성질대로 말하고
행동하기에 '척'함이 없습니다. 하지만 어른이 되어 갈수록 비교와 경쟁
으로 인해 척할 수밖에 없는 사람이 되어 갑니다. 어린아이들이 아름다
운 이유는 척함이 없이 자연스럽기 때문일지도 모릅니다.

큰사람은 오직
의로움을 살핀다

대인은 말을 하더라도 남에게 반드시 믿어줄 것을 요구하지 않으며
행위를 하더라도 반드시 결과가 있어야 함을 고집하지 않으며 오직
의로움이 있는지를 살필 뿐이다.

— 〈이루 하〉

스스로의 마음에 떳떳한 사람은 자신의 말에 확신이 있기에 남에게 제
발 믿어줄 것을 애원하지 않습니다. 스스로 최선을 다한 사람은 자신의
마음에 부끄러움이 없기에 설령 기대했던 결과를 얻지 못하더라도 깊
이 실망하거나 크게 좌절하지 않습니다. 넓은 마음으로 세상을 노니는
대인은 늘 '자신의 마음을 속인 적은 없었던가', '스스로 생각하기에 부끄
러운 점은 없었던가'를 살필 뿐입니다.

032 용기와 만용의 차이

취해도 되고 취하지 않아도 되는데 취하면 청렴함을 해치게 되고, 줘
도 되고 주지 않아도 되는데 주면 은혜로움을 해치게 되며, 죽어도 되
고 죽지 않아도 되는데 죽으면 용기를 해치게 된다.

—〈이루 하〉

꼭 필요하지 않은 것까지 취하려는 마음을 욕심이라고 합니다. 꼭 베풀
어야 좋을 상황에서 베푸는 것을 인정이라고 하며 꼭 주지 않아도 되는
것까지 주려는 마음을 동정 혹은 연민이라고 합니다. 죽을지도 모르는
상황에서조차 마음의 평정심을 잃지 않는 것을 용기라고 합니다. 꼭 죽
음을 불사하지 않아도 되는 상황에서 죽음까지 무릅쓰는 것을 만용이
라고 합니다.

덕 있는 친구를 사귀는 방법

만장이 물었다.

"감히 친구를 사귀는 방법에 대하여 여쭙겠습니다."

맹자께서 말씀하셨다.

"나이 많음을 내세우지 않고 신분이 귀함을 내세우지 않으며 형이나 동생의 세력을 앞세워 친구를 사귀지 않는 것이다. 친구를 사귄다는 것은 그 덕을 사귀는 것이니 다른 것을 내세워서 사귀어서는 안 된다."

— 〈만장 하〉

좋은 친구를 사귀려면 좋은 방법으로써 사귀어야 합니다. 덕(德)이란 조금씩밖에 걷지 못하는 저는 다리(彳)도 곧은 것(直)처럼 여겨줄 수 있는 마음(心)입니다.

034 나로부터 나온 것은
나에게 돌아온다

경계하고 경계하라. 너에게서 나온 것은 너에게로 돌아간다.

— 〈고자 상〉

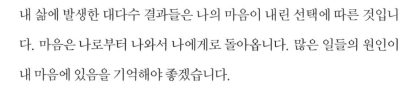

내 삶에 발생한 대다수 결과들은 나의 마음이 내린 선택에 따른 것입니다. 마음은 나로부터 나와서 나에게로 돌아옵니다. 많은 일들의 원인이 내 마음에 있음을 기억해야 좋겠습니다.

035 노력해도
안 될 거라는 생각이 들 때

인(仁)이 불인(不仁)을 이기는 것은 물이 불을 이기는 것과 같다. 오늘
날 인을 실천하려는 사람들은 물 한 잔을 가지고 한 수레의 섶에 붙은
불을 끄려는 것과 같다. 그래서 꺼지지 않으면 그것을 보고 '물이 불
을 이기지 못한다'라고 하니 이 또한 심각한 불인이다.

― 〈고자 상〉

한 사람의 노력은 아무런 소용이 없는 것처럼 느껴질 수도 있습니다. 하
지만 그렇다고 해서 그 한 사람의 노력이 무가치한 것은 아닙니다. 장차
길을 잃고 방황하는 백 사람에게 등대의 역할을 해줄 수 있기 때문입니
다. 맹자는 '나 홀로 아무리 노력해도 어차피 안 될 거야'라는 생각으로
포기하는 것 역시 노력조차 하지 않는 백 사람에 버금가는 불인(不仁)이
라고 말합니다.

036 하늘이
원망스러울 때

하늘이 큰 임무를 그 사람에게 주려고 하실 적에는 반드시 먼저 그 마음과 뜻을 괴롭히고 그 뼈와 근육을 수고롭게 하며 그 몸과 피부를 굶주리게 하고 그 생활을 궁핍하게 하며 그가 하는 일마다 어그러뜨리고 어지럽힌다. 그렇게 하는 까닭은 마음을 변화시키고 성질을 참게하여 그 부족한 부분을 더해 주고 보태 주기 위함이다. 사람은 늘 부족함이 있은 뒤에 고치는 것이니 마음에 고달픔이 있고 생각에 삐딱함이 있은 뒤에야 이를 벗어나고자 자신을 분발시킬 수 있다.

— 〈고자 상〉

하늘이 원망스러울 땐 하늘이 내게 주신 곤란과 역경에 다른 의미를 부여해 보는 것도 좋겠습니다. 내 삶에 닥친 곤경은 그것을 극복함으로써 성장하길 바라는 마음에서 하늘이 특별히 내리신 선물일 수 있습니다.

037 부끄러울 일 없이
사는 방법

사람이라면 부끄러움이 없을 수 없다. 부끄러움이 없음을 부끄러워
한다면 부끄러울 일이 없을 것이다.

— 〈진심 상〉

내게는 부끄러울 일이 없다고 생각될 때에는 그러한 생각을 부끄러워
할 수 있어야 합니다. 그러한 생각을 부끄러워할 줄 아는 것만으로도 삶
에서 많은 부끄러움이 사라질 수 있습니다.

진정한 사랑과 공경

먹이기만 할 뿐 사랑하지 않는 것은 돼지로 여기는 것이다. 사랑하기만 할 뿐 공경하지 않는 것은 짐승으로 기르는 것이다. 공경이란 폐백을 받들기 이전의 상태인 것이다. 공경한다면서 실제 행동이 없다면 군자는 헛되이 그런 관계에 얽매이지 않는다.

— 〈진심 상〉

자식을 잘 먹이기만 할 뿐 제대로 사랑하지 않는 것은 자식을 돼지로 여기는 것입니다. 자식을 제대로 사랑하려면 때에 알맞은 훈육이 필요합니다. 부부가 서로 사랑하기만 할 뿐 공경하지 않는다면 서로를 짐승으로 기르는 것입니다. 결혼 전의 마음가짐을 결혼 후에도 잃지 않는 것이 부부 사이의 공경입니다. 말로는 공경한다고 하면서 행동으로는 공경하지 않는다면 군자는 그런 관계에 집착하지 않습니다.

039

남이 대신해 줄 수 없는 일이 있다

목수나 수레를 만드는 장인은 남에게 그림쇠, 자, 수준기, 먹줄 등 연장은 줄 수 있지만 남에게 교묘한 기술까지 터득하게 해 줄 수는 없다.

— 〈진심 하〉

나 말고는 누구도 대신해 줄 수 없는 일이 있습니다. 소를 물가로 끌고 갈 수는 있지만 억지로 물을 마시게 할 수 없는 것과도 같습니다. 내가 해야만 하는 일과 남이 도울 수 있는 일을 분간할 수 있다면 그는 현명한 사람입니다. 그러나 내가 해야만 하는 일까지 남이 해 주기를 바란다면 그것은 도둑 심보입니다.

순수한 마음과
욕심의 관계

마음을 기르는 방법으로는 욕심을 줄이는 것보다 더 좋은 것이 없다.
그 사람됨이 욕심을 적게 가지면 비록 본마음 가운데 보존되지 않은
것이 있더라도 적을 것이다. 그 사람됨이 욕심을 많이 가지면 비록 본
마음 가운데 보존된 것이 있더라도 적을 것이다.

—〈진심 하〉

오염되지 않은 순수한 의도는 욕심에 반비례합니다. 욕심이 적어질수
록 순수한 마음으로부터 비롯된 의도는 커지고 욕심이 늘어날수록 순
수한 마음과 순결한 의도는 빛을 잃어 갑니다. 본래의 마음과 욕심은 반
비례 관계임을 잊지 말아야 좋겠습니다.

수요일

소진된 마음을 회복하는
균형의 문장들

⋮

〈중용〉〈대학〉

균형 있는 삶을 산다는 것

수요일은 샌드위치 가운데 오도카니 놓여 있는 소시지 같다는 느낌을 받게 될 때가 많다. 소시지를 먹기 시작해야 비로소 샌드위치를 먹고 있다는 생각이 들 듯 수요일은 되어야 일주일이 지나가고 있음을 실감한다. 물론 평일보다 주말이 더 바쁜 사람도 있다. 하지만 대다수 사람에게 수요일은 일주일의 분기점이자 한가운데라고 할 수 있다.

앞서 월요일의 서문에는 공자의 핵심 사상 가운데 하나인 충(忠)을 설명하며 동양에서 중(中)이 지니는 의미를 이야기했다. 중과 늘 짝꿍처럼 붙어 다니는 개념이 하나 있으니 그것이 바로 용(庸)이다. 중과 용을 함께 일러 중용(中庸)이라고 부른다. 중이 '균형'을 의미한다면 용은 잡힌 균형이 무너지지 않게끔 하는 '조절'을 의미한다.

삶에서 지나온 날을 돌이켜볼 때 곧게 뻗은 길만 걸어왔다고 자신하는 사람은 드물 것이다. 누구나 길을 잃고 헤맨 적도 있을 것이며

......

너무 힘든 나머지 앉아서 한참을 쉰 적도 있을 것이다. 때로는 예상치 못한 늪에 빠져 허우적거리기도 하고 어느 날은 갑자기 쏟아지는 비나 눈을 피하느라 허둥지둥하기도 한다. 균형을 잘 잡아 나가는 듯했다가도 눈 깜짝할 새 무너지기도 했던 순간들. 이 모든 순간들이 하나로 합쳐져 우리 삶에 나날이 새로운 균형을 이뤄내고 있다.

한번 잡힌 균형이 무너지지 않으면 참 좋겠다는 생각도 든다. 하지만 곰곰이 생각해 보면 우리가 발 딛고 살아가는 이 거대한 행성조차 쉬지 않고 돌아가며 균형을 잡아 나간다. 작은 떨림에라도 끊임없이 움직이지 않으면 균형을 잡을 수 없는 외줄 위의 줄꾼처럼, 안간힘을 써 가며 삶의 중용을 추구하는 일은 어쩌면 모든 인간의 숙명일지도 모른다.

균형과 조절의 무한한 반복을 거부하는 사람은 곧 도태되고 만다. 고인 물은 썩게 되고 구르지 않는 돌에는 이끼가 끼는 것 같은 이치다. 그러므로 동양에서 말하는 안정적인 삶이란 아무리 균형이 잡혔다고 느껴도 한 지점에 계속 머무르려는 노력으로 대변될 수 없다. 멈춰 버린 안정은 곧 불안정으로 탈바꿈하는 경우가 많기 때문이다.

매 순간 알맞은 균형을 좇아 스스로를 조절해 나가는 삶. 그러한 삶이야말로 안정적인 삶이며 중용적인 삶이다. 공자의 손자인 자사의 저작으로 알려진 〈중용〉은 중용적 삶을 위해 필요한 다양한 노하우를 소개한다. 일주일의 한가운데 격인 수요일에서 중용을 실천하고자 노력하는 일은 지나온 이틀인 월요일과 화요일의 불균형을 다가

올 이틀인 목요일과 금요일을 통해 조절해 나가려는 좋은 시도가 될 수 있을 것이다.

대학(大學)이란 말 그대로 큰 배움이다. 큰 배움이란 '큰사람(大人)의 배움'을 의미하기도 한다. 기왕 배워야 한다면 작은 배움보다는 큰 배움이 좋을 것임에 동의하지 않는 사람은 드물 것이다. 큰 배움이 있어야 그로부터 큰 깨달음을 얻을 수 있고 큰 깨달음이 있어야 삶에서도 큰 변화를 기대할 수 있다.

그러므로 〈대학〉은 자신의 삶에 혁신적인 변화가 필요하다고 느끼는 사람에게 안성맞춤이다. 특히 수요일에 만나는 〈대학〉은 설령 지난 이틀이 크게 무너져 불균형한 상태일지라도 큰 조절을 통해 회복하는 좋은 비책이 될 수 있다.

〈중용〉과 〈대학〉은 남송의 철학자 주희가 고대 중국의 여섯 가지 경전 가운데 하나인 《예기(禮記)》로부터 두 단편을 따로 떼어낸 것이다. 예기란 말 그대로 '예(禮)의 근본정신에 대하여 자세히 기록한 책'이라는 뜻이다. 예란 '나도 주인공, 당신도 주인공'의 마음에 깃들어 있는 정신이다. 과거로부터 동양인들은 삶의 불균형을 회복하고 회복된 균형을 조절해 나가는 방법이 다름 아닌 예의 회복과 절제에 있다고 믿어온 듯하다.

일상에서는 '회복된 예'를 예의(禮儀)라 부르고, '절제된 예'를 예절(禮節)이라 부르는 경우가 많다. 〈중용〉과 〈대학〉은 모두 《예기》에서

.....

떨어져 나온 자식들이다. 그러므로 〈중용〉과 〈대학〉에도 역시 예를 통해 삶의 균형을 회복하는 방법과 삶에서 예를 통해 회복된 균형을 조절해 나가는 구체적인 방법들이 실려 있다.

한 주를 통째로 포기하기엔 이르고 그저 발만 동동 구르고 있을 수만도 없는 수요일이다. 이 책과 인연이 닿을 분들께서 〈중용〉과 〈대학〉을 따라 쓰며 남은 일주일의 균형을 잘 잡아 나가게 되기를 간절히 빌게 된다.

041 삶은 나답게 살 때
가장 편안하다

하늘이 명하신 것을 일러 본성(本性)이라 하고 본성을 따르는 것을 일러 도(道)라 하며 도를 갈고닦는 것을 일러 교(敎)라 한다.

—〈중용〉

사람은 자신의 본성을 따라 살 때 가장 편안합니다. 하지만 부모님이나 선생님의 기대, 주위의 시선, '~처럼 되고 싶다'거나 '~처럼 살고 싶다'는 욕심 탓에 우리는 쉽게 자신의 본성을 잊어버리고 타인의 욕망을 욕망하게 됩니다. 그럼에도 스스로의 본성을 따라 살고자 하는 사람은 하늘이 그에게 내린 명령에 충실한 사람입니다. 이런 사람을 일러 도(道)를 지닌 사람이라고 합니다. 본성을 따라 사는 방법을 스스로 고민하여 익히고 훈련하는 것을 교(敎)라고 합니다.

숨겨진 것일수록
더 잘 드러난다

군자는 그 보이지 않는 곳에서 삼가고 그 들리지 않는 곳에서 두려워한다. 숨겨진 것보다 더 잘 드러남은 없고 작은 것보다 더 잘 나타남은 없다. 그러므로 군자는 그 홀로 있음을 삼간다.

―〈중용〉

아무도 보지 않을 것이라 자신할 수 있는 곳에서, 또 누구도 듣지 못할 것이란 마음이 드는 곳에서 사람은 제멋대로 함부로 행동하게 되는 경우가 많습니다. 하지만 군자는 늘 보이지 않는 곳에서 더욱 자신을 추스르고 들리지 않는 곳에서 더욱 두려워합니다. 이러한 까닭에 군자는 비밀을 만들지 않으며 혼자 있어도 늘 누군가가 나를 지켜보고 있는 것처럼 신중하며 또 조심합니다.

043   모든 일에는 때가 있다

군자는 중용을 지키고 소인은 중용을 어긴다. 중용을 지킴이란 군자
가 때에 알맞게 하는 것이고 중용을 어김이란 소인이 아무 거리낌 없
이 하는 것이다.

―〈중용〉

중용을 지키는 가장 좋은 방법은 때에 알맞도록 처신하는 것입니다. 세
상 모든 일에는 때가 있으며 이러한 때를 내 마음대로 조작하려는 시도
는 하늘의 권한을 침해하는 월권이 될 수도 있습니다. 군자는 때에 자신
을 맞추지만 소인은 때를 자신에게 맞추려 합니다. 이로써 군자는 알맞
은 균형을 유지해 나갈 수 있지만 소인은 제멋대로 행동하다 삶의 균형
을 잃고 맙니다.

지속하는 일의 위대함

044

중용은 그 덕이 지극하구나! 하지만 백성들 가운데 오래할 수 있는 이가 드물다.

— 〈중용〉

다이어트를 결심한 사람이 열심히 식단을 짜고 운동을 하여 적정 체중으로 들어섰다면 그 사람은 균형, 즉 중(中)을 회복한 것입니다. 하지만 금세 요요현상을 겪으며 다시 체중이 불게 되었다면 그 사람은 조절, 즉 용(庸)에 실패한 것입니다. 중(中)과 용(庸)은 모두 중요합니다. 공자는 중(中)과 용(庸) 모두를 성공적으로 지속할 수 있는 사람이 드물다고 하였습니다.

045 지나친 것은
미치지 못하는 것과 같다

도가 실현되지 못하는 이유를 내 알겠다. 지혜 있는 사람은 지나치고 어리석은 사람은 미치지 못하기 때문이다. 도가 밝혀지지 못하는 이유를 내 알겠다. 현명한 사람은 지나치고 어리석은 사람은 미치지 못하기 때문이다.

— 〈중용〉

'지나친 것은 미치지 못하는 것과 같다'는 뜻의 과유불급(過猶不及)은 일상에서 종종 쓰이는 표현입니다. 동양에서는 지나침도 없고 미치지 못함도 없는 상태를 중(中)이라고 하였습니다. 지나치다면 조금 고삐를 늦추고, 미치지 못한다면 조금 박차를 가하는 것을 일러 용(庸)이라고 합니다. 지나침과 미치지 못함 모두 똑같은 불균형임을 잊지 말아야 좋겠습니다.

남의 원망을
사지 않는 방법

자기를 바르게 하고 남에게서 구하지 않으면 원망하는 법이 없다. 위로는 하늘을 원망하지 않고 아래로는 사람을 탓하지 않게 된다. 그러므로 군자는 편안하게 살아가며 하늘의 명령을 기다리고 소인은 위험을 무릅쓰며 요행을 추구한다.

―〈중용〉

자신의 마음을 바르게 하고 남 탓을 줄이면 원망도 줄어들게 됩니다. 군자는 늘 최선을 다하면서도 하늘의 명령에 순응하려는 진인사대천명(盡人事待天命)의 자세를 유지합니다. 하지만 소인은 적은 노력으로 큰 이익을 얻고자 모험을 즐기며 요행을 바랍니다.

047 정상에 도달하려면 낮은 곳에서 출발해야 한다

군자의 도는 비유하건대 먼 길도 반드시 가까운 곳으로부터 시작해야 함과 같으며 비유하건대 높이 오름도 반드시 낮은 곳으로부터 시작해야 함과 같다.

—〈중용〉

산 정상에 도달하려는 사람은 반드시 마을 어귀에 있는 등산로 입구부터 오르기 시작해야 합니다. 가까운 곳과 낮은 곳을 거치지 않고 달성할 수 있는 일이란 없습니다. 이러한 까닭에 가까이 있는 무언가와 작고 하찮게 느껴지는 무언가는 모두 소중합니다. 그것들이 모여 과정과 결과 모두 튼튼한 성취가 가능해지기 때문입니다.

048 늦은 성공은 없다

어떤 사람은 태어나면서부터 알기도 하고 어떤 사람은 배워서 알기도 하며 어떤 사람은 곤란을 겪으며 괴로워한 뒤에야 알기도 한다. 하지만 그 알게 되었다는 점에 이르러서는 매한가지다. 어떤 사람은 편안하게 행하고 어떤 사람은 이롭게 여겨 행하며 어떤 사람은 노력하고서야 행한다. 하지만 그 성공에 이르러서는 매한가지다.

—〈중용〉

누구는 편안하게 해내고 누구는 자신의 삶에 이익이 될 것이라는 생각으로 해내며 누구는 이를 악물고 노력한 뒤에야 겨우 해냅니다. 그러나 성공했다는 점에서는 서로 같습니다.

049 정성을 다하면
삶은 저절로 편안해진다

정성스러움이란 하늘의 도리요 정성스러워지고자 하는 노력은 사람
의 도리다.

— 〈중용〉

정성스러움을 성(誠)이라 하고 정성스러워지고자 하는 노력을 성지(誠
之)라 합니다. 매사에 정성스럽고자 하는 사람은 저절로 삶의 균형을 잡
아 나가게 됩니다. 또 치밀하게 계획하지 않더라도 자연스레 삶의 균형
을 얻게 됩니다. 정성스러움이 균형 그 자체라면 정성스러워지고자 하
는 노력은 균형을 맞추고자 자신을 조절하는 일이 될 것입니다.

050 지금 그 노력을
멈추지 말아야 한다

지극한 정성스러움은 그침이 없으니 그치지 않으면 오래가고 오래가면 효험이 나타나며 효험이 나타나면 끝없이 멀어지고 끝없이 멀어지면 넓고 두터워지고 넓고 두터워지면 높고 밝아진다.

—〈중용〉

지극한 정성스러움은 중용을 향한 끊임없는 노력에 다름없습니다. 이러한 노력을 그치지 않으면 삶의 균형을 오래 지속할 수 있고, 오래 지속하다 보면 효과가 입증되며, 효과가 입증되면 끝없는 가능성이 열리고, 끝없는 가능성이 열리면 나의 능력이 넓고 두터워지며, 나의 능력이 넓고 두터워지면 나 스스로가 높고 밝아져 남들을 비추고 세상을 비출 수 있게 됩니다.

051 남이 열 번에 하게 되거든
나는 천 번을 한다

널리 배우고 자세히 묻고 신중히 생각하고 분명히 판단하고 진심으로 실천하라. 차라리 배우지 않음이 있을지언정 배우려면 기량이 부족하게 됨을 그냥 두지 말라. 차라리 묻지 않음이 있을지언정 물으려면 알지 못하게 됨을 그냥 두지 말라. 차라리 생각하지 않음이 있을지언정 생각하려면 깨닫지 못하게 됨을 그냥 두지 말라. 차라리 판단하지 않음이 있을지언정 판단하려면 명백하지 못함을 그냥 두지 말라. 차라리 실천하지 않음이 있을지언정 실천하려면 진심으로 하지 않음을 그냥 두지 말라. 남이 한 번에 하게 되거든 나는 백 번을 하고 남이 열 번에 하게 되거든 나는 천 번을 한다. 과연 이 도를 실천할 수 있다면 비록 어리석은 사람일지라도 반드시 현명해질 것이며 비록 연약한 사람일지라도 반드시 굳세어질 것이다.

— 〈중용〉

노력이란 결국 '남들보다 더 한다'는 의미입니다. 노력을 멈추지 않는 사람은 어리석더라도 반드시 현명해질 수 있고 유약하더라도 반드시 굳세어질 수 있습니다.

052 방구석에서조차
부끄러움이 없기를

《시경》에 이르기를 '네가 방에 있음을 보건대 방구석에서조차 부끄
러움이 없기를 바라노라'라고 하였으니 군자는 움직이지 않을 때에
도 공경하며 말하지 않을 때에도 믿음직스럽다.

—〈중용〉

동양의 선현들은 방 안의 이불과 벽을 마주하여서도 스스로 부끄러움
이 없기를 바랐습니다. '낮말은 새가 듣고 밤말은 쥐가 듣는다'는 말에도
늘 누군가 내 언행을 살피고 있는 듯 행동하라는 뜻이 담겨 있습니다.
군자는 밖으로 나다니지 않을 때에도 공손하고 경건한 자세를 잃지 않
으며 그러한 공경이 몸에 늘 배어 있기 때문에 굳이 말로써 믿어줄 것을
호소하지 않더라도 믿음직스럽게 느껴집니다.

먼저 할 것과
나중에 할 것

머무를 데를 안 뒤에야 정할 수 있고 정한 뒤에야 고요해질 수 있고 고요해진 뒤에야 편안해질 수 있고 편안해진 뒤에야 생각할 수 있으며 생각한 뒤에야 깨달을 수 있다. 사물에는 근본과 말단이 있고 일에는 끝남과 시작이 있으니 먼저 할 것과 나중에 할 것을 알면 곧 도에 가까운 것이다.

―〈대학〉

사람은 머무는 곳이 마련된 다음에야 무엇을 할지 결정할 수 있고 뜻을 결정한 다음에야 마음이 고요해지며 마음이 고요해진 다음에야 삶이 편안해지고 삶이 편안해진 다음에야 깊이 생각할 수 있게 되며 깊이 생각한 다음에야 무언가를 깨달아 얻을 수 있습니다.

054 모든 일의 시작은
앎에 있다

옛날 밝았던 덕을 세상에 밝히려는 사람은 먼저 그의 나라를 다스렸고 나라를 다스리려는 사람은 먼저 그의 집안을 바로잡았고 집안을 바로잡으려는 사람은 먼저 그의 몸과 마음을 닦았고 몸과 마음을 닦으려는 사람은 먼저 그의 뜻을 정성스럽게 하였고 뜻을 정성스럽게 하려는 사람은 먼저 그의 앎을 이루었으니 앎을 이룸은 사물의 이치를 투철하게 밝히는 데에 있다.

— 〈대학〉

〈대학〉은 순차별 학습과 단계별 깨달음을 강조하고 있습니다. 그리고 그 핵심은 늘 스스로의 몸과 마음을 갈고닦는 수신(修身)에 있습니다. 먼저 해야 할 것과 나중에 해도 될 것의 순서를 알고, 사태의 무거움과 가벼움을 알며, 나아가야 할 때와 물러나야 할 때를 알면 큰 배움의 길에 가까워졌다고 할 수 있겠습니다.

055 진실로 나날이 새롭게 되어야 한다

진실로 날로 새롭게 되고 나날이 새롭게 되며 또 날로 새롭게 되어야 한다.

—〈대학〉

탕왕은 고대 은(殷)나라의 성군입니다. 탕왕의 세숫대야에는 매일같이 새롭게 되어야 함을 주문하는 글귀가 쓰여 있었다고 전해집니다. 어제의 나와 오늘의 내가 같다면 이는 절망적입니다. 어제의 나와 오늘의 내가 무엇이 달라도 다르다면 이는 희망적입니다. 세상은 쉬지 않고 변화하고 사람 역시 끊임없이 스스로를 변화시켜야 합니다. 변화하기를 포기한 삶에서는 중용의 향기를 찾아볼 수 없습니다.

056 스스로를 속이지 말라

그 뜻을 정성스럽게 한다는 것은 스스로를 속이지 않는 것이다. 마치 나쁜 냄새를 싫어하듯 하고 좋은 빛깔을 좋아하듯 하는 것. 이것을 스스로 공경한다고 하는 것이니 군자는 반드시 그 홀로 있음을 삼간다.

— 〈대학〉

살다 보면 각종 합리화와 자기 암시로 스스로의 마음을 속이고 싶은 순간이 찾아옵니다. 이럴 때 군자는 나쁜 냄새를 맡았을 때 코를 감싸 쥐듯 곧 스스로를 반성합니다. 그리고 자기 자신과 남을 속이지 않고자 노력하는 스스로의 마음을 공경하며 이러한 마음을 마치 좋은 빛깔을 보게 되었을 때처럼 기뻐합니다. 또 군자는 홀로 있을 때조차 자신의 마음을 속이고 있는 부분은 없는가를 끊임없이 돌아봅니다.

057 현명한 사람은
눈과 귀를 의식한다

열 눈이 보는 것이 열 손가락이 가리키는 것이니 빈틈이 없도다!

—〈대학〉

열 사람이 나를 안다는 것은 열 쌍의 눈이 나를 바라보고 있다는 뜻입니다. 열 쌍의 눈이 나를 바라보고 있다는 것은 열 개의 손가락이 나를 가리킬 준비를 하고 있다는 뜻입니다. 현명한 사람은 이를 알고 늘 스스로의 행실을 조심하지만 현명하지 못한 사람은 '설마 아무도 모르겠지' 싶은 착각에 자신을 내맡긴 채 눈총과 손가락질을 받으며 살아갑니다.

마음은 육체의 주인이다

마음이 향해 있지 않으면 보아도 보이지 않고 들어도 들리지 않으며 먹어도 그 맛을 알지 못한다. 이를 일러 '몸을 닦음은 그 마음을 바르게 함에 있다'고 한 것이다.

—〈대학〉

동양에서 마음은 육체의 주인입니다. 때문에 마음에 지나친 분노, 두려움, 즐거움, 근심 등이 있다면 몸은 제대로 균형을 잡아 나갈 수 없습니다. '마음이 딴 데 있다'는 말은 일상에서도 종종 쓰는 표현입니다. 마음이 다른 곳에 가 있으면 보아도 제대로 볼 수 없고 들어도 제대로 들을 수 없으며 먹어도 그 맛을 제대로 알 수 없습니다. 그래서 〈대학〉에서는 몸을 닦는 수신(修身)을 위해서 마음을 가다듬는 정심(正心)이 선행되어야 함을 강조합니다.

059 '나 하나라도'의 마음을 지닌다

한 집안이 어질면 온 나라에 어짊이 일어나고 한 집안이 겸손하고 양보하면 온 나라에 겸손과 양보가 일어나며 한 사람이 욕심을 부려 바른길에서 벗어나면 온 나라에 어지러움이 일어난다. 이를 일러 '한마디 말이 큰일을 그르치고 한 사람이 나라를 안정시킨다'고 하는 것이다.

— 〈대학〉

사소한 한마디가 큰일을 뒤엎을 수도 있고 한 사람의 노력이 세상을 바꿀 수도 있습니다. '다 그러는데 나 하나쯤 더 그런다고 해서 큰일이야 생기겠어?'의 마음보다는 '다 그러니 나라도', '그렇지만 나 하나라도'의 마음이 우리 각자에게 필요한 시점입니다.

060   내 처지를 미루어 보아 남의 처지를 헤아린다

윗사람에게서 싫은 것으로써 아랫사람을 부리지 말고 아랫사람에게서 싫은 것으로써 윗사람을 섬기지 말아야 한다. 앞사람에게서 싫은 것으로써 뒷사람을 이끌지 말고 뒷사람에게서 싫은 것으로써 앞사람을 따르지 말아야 한다. 오른편에서 싫어하는 것으로써 왼편에 건네지 말고 왼편에서 싫어하는 것으로써 오른편에 건네지 말아야 한다.

— 〈대학〉

'자신의 처지로부터 미루어 보아 남의 처지를 헤아리는 방법'이라는 혈구지도(絜矩之道)의 유래가 되는 대목입니다. 내가 당했을 때 싫었던 것을 남에게 베푸는 것은 혈구지도가 아닙니다. 모진 시집살이가 괴로웠다면 며느리나 사위에게 더욱 인정을 베푸는 것, 매서운 선임병으로 인해 군 생활이 힘들었다면 후임병을 더욱 온화하게 대해 주는 것, 윗집이 싫어하는 것을 아랫집에 건네지 않는 것이 혈구지도입니다.

목요일

삶의 내공을 기르는
처세의 문장들

.
.
.
.
.
.
.
.
.
.

《한비자》

잘 살기 위해서는 나만의 원칙이 필요하다

목요일엔 나사를 조이는 손에 잔뜩 들어갔던 힘이 서서히 풀리는 듯한 느낌을 받는 경우가 많다. 이럴 때 절실히 그리운 것이 다름 아닌 '일정한 법도'가 아닐까 싶다. 이것은 곧 원칙을 뜻한다. 일상의 차원으로 풀어 이야기하자면 '루틴(routine)'으로 볼 수 있으리라 생각한다.

동양의 철학자 가운데 루틴의 필요성을 강조했던 인물이 있다면 바로 한비자일 것이다. 한비자로 대표되는 사상을 일러 보통 '법가(法家)'라고 한다. 조금 더 구체적으로 보자면 한비자는 법가를 체계적으로 완성시킨 인물이라고도 할 수 있다.

고대 중국에서 법가 사상에 몰두한 인물로는 한비자 외에도 상앙, 신불해, 신도 등을 꼽을 수 있다. 이 가운데 상앙은 법(法), 신불해는 술(術), 신도는 세(勢)에 초점을 맞추어 자신들의 철학을 펼쳐 나갔다.

‥‥‥

법이란 '법령 그 자체'를 뜻한다. 술이란 법령을 유지해 나가는 '기술'들을 뜻한다. 세란 기술을 쓰는 '리더의 카리스마'를 뜻한다. 한 개인의 차원에서 보면 법은 루틴을 형성하기 위한 철저한 계획이고, 술은 루틴이 무너지지 않도록 그것을 운용해 나가는 기술이며, 세는 그러한 기술을 보다 효과적으로 펼치도록 하는 내면의 힘이다.

이는 조직의 차원에서 보아도 마찬가지다. 법은 조직이 와해되지 않고 오히려 튼튼해지기 위해 필요한 행동 기준이다. 술은 조직의 구성원들이 기준에 따라 행동하는 데에 필요한 실질적인 기술이다. 세는 조직 구성원들을 두루 아우르는 강력한 리더십을 의미한다.

한비자는 선배 법가들이 저마다 약간은 다른 방식으로 강조한 법·술·세의 세 가지 가치를 자신의 사상에 고루 녹여냈다. 그로써 이전과 비교하였을 때, 보다 세련된 법가 철학을 개진하였다.

지난 3일간 팽팽하게 감겨 있던 긴장의 끈이 목요일이 되는 순간 풀려 버리는 느낌. 이는 반복되는 일주일을 살아가는 우리 모두에게 결코 낯설지 않은 경험일 것이다. 이처럼 잘 지켜오던 루틴을 잃어버리기 쉬운 목요일에 법·술·세의 가치를 종합하는 한비자의 철학은 나름의 의미를 지닐 수 있으리라 생각한다.

만들어 적응하기까지의 과정도 쉽지 않지만 한번 깨지면 회복하기도 어려운 것이 루틴이다. 목요일의 《한비자》 필사가 삶의 루틴을 지켜 나감에 이바지하는 바 있기를 간절히 바라게 된다. 점차적으로 긴장을 완화하도록 도모하여 일주일 중 남은 3일에 연착륙할 수 있는 활주로가 한비자를 통해 마련될 수 있기를 기대해 본다.

061 법은 아첨하지 않는다

법은 귀한 사람에게 아첨하지 않으니 자에 굽음이 없음과 같다. 법에 닿게 됨은 지혜 있는 사람이라도 사양할 수 없고 용감한 사람이라도 감히 다툴 수 없다. 형벌은 대신들도 벗어날 수 없고 착한 행실에 상을 내림은 낮은 사람이라도 빠뜨리지 않는다.

—〈유도〉

한비자는 법의 핵심이 상벌에 있다고 여겼던 인물입니다. 상벌이란 잘한 일에 대한 보상과 잘못한 일에 대한 형벌을 뜻합니다. 잘못한 사람은 그에 합당한 벌을 받고 잘한 사람은 그에 걸맞은 상을 받는 세상. 그것이 한비자가 꿈꿨던 세상입니다.

리더에게 주도권이 없다면

호랑이가 개를 굴복시킬 수 있는 이유는 발톱과 이빨 때문이다. 만일 호랑이가 그 발톱과 이빨을 떼어서 개에게 주고 그것을 쓰도록 한다면 호랑이가 반대로 개에게 굴복당하게 될 것이다. 임금이란 형벌과 은덕으로써 아랫사람을 제어하는 것이다. 지금 임금 된 사람이 그의 형벌과 은덕을 떼어서 아랫사람에게 주고 사용하게 한다면 곧 임금이 반대로 아랫사람에게 제어당하게 될 것이다.

—〈이병〉

형벌과 은덕은 한비자 철학에서 중요한 두 가지 개념입니다. 오늘날에는 이를 처벌과 보상으로 이야기합니다. 엄한 형벌만을 가지고 조직을 운영하기란 어렵습니다. 하지만 은덕을 베풀겠다며 리더의 카리스마까지 내어준다면 그러한 조직은 장차 혼란에 빠질 가능성이 높습니다. 카리스마 없는 리더는 곧 팔로워들에게 끌려다니는 상황을 면치 못하게 됩니다.

063 감정에 사로잡힌 상태를 조심하라

즐기고 있을 때 그 즐거움을 이용하거나 술 취하고 배부른 틈을 엿보아 바라는 것을 요구함은 반드시 들어주게 하는 술법이다.

― 〈팔간〉

'기분 좋을 때 약속하지 말라'는 격언이 있습니다. 감정에 사로잡힌 상태에서는 이성이 제 역할에 충실하기가 어렵기 때문입니다. 조직 생활은 계약 등 각종 약속의 연속입니다. 약속에는 무거운 책임이 따르기에 신중하지 않을 수 없음을 잊지 말아야 좋겠습니다.

064 리더는 복을 주려기보다
화를 주지 말아야 한다

임금의 복은 신하에게까지 미치지 않지만 화는 신하에게까지 미치게
된다.

—〈십과〉

리더의 경사가 아랫사람들에게까지 두루 미치기란 어렵습니다. 경사는
하나이지만 조직의 구성원은 여럿이기 때문입니다. 하지만 리더의 악
재는 작은 것이라도 전체 조직에 큰 영향을 끼칠 수 있습니다. 리더와
관리자는 아랫사람들에게 복을 주려기보다 화를 주지 않으려 노력해야
좋겠습니다.

065 진정한 유세는 마음을 읽는다

무릇 유세(遊說)가 어렵다는 것은 내가 가진 지혜로써 사람을 설득하기가 어려움을 뜻하지 않는다. 내 말재주로써 나의 뜻을 밝히기가 어려움을 뜻하지도 않으며 내 말이 예기치 않게 빗나가 나의 뜻을 다하기가 어려워짐을 뜻하지도 않는다. 유세의 어려움은 설득시키려는 사람의 마음을 알아 나의 말을 그것과 일치시켜 나가는 데에 있다.

－〈세난〉

나의 의견이나 주장을 관철하려는 노력을 유세(遊說)라고 합니다. 남을 설득하는 일이 어려운 까닭은 지식이나 말재주가 부족하거나 특별한 말실수 때문이 아닌 경우가 많습니다. 대체로 남을 설득하지 못하는 까닭은 상대방의 마음을 제대로 읽지 못했기 때문입니다. 이를 통해 정말 말을 잘하는 사람이란 상대방의 마음을 읽는 사람임을 알 수 있습니다.

066 사람을 용모와 말로
판단하지 말 것

용모로써 사람을 취하였다가 실패하였고 말로써 사람을 취하였다가
실패하였다.

—〈현학〉

용모와 말은 사람을 판단하는 기준으로 삼기 어렵습니다. 그럼에도 용
모가 먼저 보이고 말이 먼저 들리는 경우가 많습니다. 조직 생활은 협업
의 연속입니다. 누구와 함께하느냐에 따라 성과도 천차만별입니다. 용
모와 말은 그 순간의 판단 기준일 뿐입니다. 용모와 말이 지속 가능한
협업과 무관할 수 있음을 기억해야 좋겠습니다.

067 처세의 기본

용이란 동물은 유순하여 잘 길들이면 타고 다닐 수도 있다. 하지만 용의 목구멍 아래 지름이 30센티미터 정도 되는 거꾸로 박힌 비늘이 있는데 만일 그것을 건드리는 사람이 있다면 용은 반드시 그 사람을 죽인다. 임금에게도 역시 거꾸로 박힌 비늘이 있다. 유세하는 사람이 임금의 거꾸로 박힌 비늘을 건드리지 않을 줄만 알아도 그의 유세는 거의 성공에 가깝게 될 것이다.

— 〈세난〉

'거꾸로 박힌 비늘'이라는 역린(逆鱗)의 유래가 되는 대목입니다. 듣고 싶은 말 열 마디를 해주는 것이 듣기 싫은 말 한마디를 하지 않는 것만 못할 때도 있습니다. 듣기 좋은 말 열 마디로 친숙해진 관계가 듣기 싫은 말 한마디에 무너지기도 합니다. 상대방의 역린을 알고 조심하는 일이야말로 관계를 오래도록 아름답게 지속할 수 있는 지름길임을 잊지 말아야 좋겠습니다.

068 이기주의와
이타주의의 균형

수레 만드는 사람은 수레를 만들면서 사람들이 부귀해지기를 바라고 목수는 관을 짜면서 사람들이 일찍 죽기를 바란다. 수레 만드는 사람은 어질고 목수는 어질지 못하기 때문이 아니라 사람이 귀해지지 않으면 수레를 사지 못할 것이고 사람이 죽지 않으면 관이 팔리지 않을 것이기 때문이다.

—〈비내〉

스스로를 이롭게 하는 이기주의와 남을 이롭게 하는 이타주의는 모두 필요합니다. 지혜로운 사람은 스스로도 이롭게 하며 남들도 이롭게 할 방도를 궁리합니다. 어리석은 사람은 오직 스스로만 이롭게 하려다 자신을 소외시킵니다. 혹은 오직 남들만 이롭게 해주려다 자신을 잃어버립니다. 이익을 바라는 것은 악한 마음이 아니라 자연스러운 마음입니다. 나의 이익만 바라는 극단적 이기주의와 남의 이익만 바라는 극단적 이타주의의 균형이야말로 삶의 지혜라 할 수 있겠습니다.

069 최고의 어짊은 실천함에 있을 뿐

어짊(仁)이란 그 마음속으로부터 기쁘고 자연스럽게 남을 사랑하게 됨을 뜻한다. 이렇게 남을 좋아하면 복을 받게 되고 이렇게 남을 미워하면 화를 당하게 된다. 이는 마음의 어찌할 수 없는 바에 따라 생기는 결과이지 보답을 구한 바의 결과는 아니다. 그러므로 최고의 어짊은 실천함에 있을 뿐 실천하는 이유에 있지 않다고 하는 것이다.

― 〈해로〉

동양에서 어짊(仁)이란 사람이라면 마땅히 가져야 할 '더불어 살고자 하는 마음'입니다. 기쁘게 남을 좋아하고 자연스레 남을 미워하지 않을 수 있어야 더불어 살 수 있습니다. 좋아하고 사랑하는 데에는 이유가 없습니다. 그것을 실천하는 데에 의미가 있을 따름입니다.

의로움이란
마땅함을 뜻한다

의로움(義)이란 임금과 신하, 위와 아래의 일이고 아버지와 자식, 귀함과 천함의 차등이며 친함과 멂, 안과 겉의 구분이다. 신하는 임금을 섬김이 마땅하고 아랫사람은 윗사람을 따르는 게 마땅하며 자식은 아버지를 섬김이 마땅하고 천한 사람은 귀한 사람을 존경하는 게 마땅하며 알고 지내며 사귀는 친구들은 서로 돕는 게 마땅하고 친한 사람은 안으로 들이고 먼 사람은 밖으로 내치는 게 마땅하다. 의로움이란 이러한 마땅함을 뜻하며 마땅하게 행동하는 것이다.

— 〈해로〉

의(義)란 '더불어 살 수 있는 방법'입니다. 또 사람이 마땅히 가야 할 길입니다. 귀함과 천함의 기준은 그 사람의 마음과 행실이 아름다운가 그렇지 못한가에 달려 있습니다. 마음과 행실이 아름답지 못한 사람이 마음과 행실이 아름다운 사람을 보며 존경심을 갖게 되는 것은 억지로 그렇게 되는 것이 아닙니다. 그저 자연스러운 세상의 이치일 뿐입니다.

071 작은 일에 공을 들여
큰 사고를 면한다

천 길 높이의 둑도 개미구멍으로 인해 무너지고 백 척 사방의 큰 집도 굴뚝 틈새의 불똥으로 인해 타 버린다. 그러므로 토목의 대가인 백규는 둑을 거닐며 그곳에 난 구멍을 틀어막았고 집안의 어른들은 불조심을 하고자 굴뚝의 틈을 흙으로 발랐다. 이로써 백규가 있으면 물난리가 없고 집안에 어른들이 있으면 불난리가 없었던 것이다. 이는 모두 쉬운 일을 조심함으로써 어려움을 피하고 미세한 일에 공을 들임으로써 큰 사고를 멀리했던 것이다.

— 〈유로〉

제때 작은 일을 처리하지 않으면 장차 큰 우환을 맞닥뜨릴 가능성이 높아집니다. 작은 선행이라고 하여서 그것을 게을리하는 사람은 장차 큰 선행을 할 수 없게 됩니다. 또 작은 악행이라고 하여서 그것을 즐기는 사람은 장차 더욱 큰 악행으로 자신을 몰아가게 됩니다.

072 리더의 품격

연못의 물이 마르자 뱀들은 이사를 가게 되었다. 이때 작은 뱀이 큰 뱀에게 말했다. "당신이 앞서가고 내가 따라가면 사람들은 뱀이 다니고 있을 뿐이라 생각하여 반드시 당신을 죽일 것입니다. 당신이 나를 물어서 업고 가는 것이 좋겠습니다. 그러면 사람들은 반드시 우리를 신령스럽게 여길 것입니다." 큰 뱀은 작은 뱀을 업고 큰 길을 지나갔다. 그러자 사람들은 모두 이들을 피하면서 '신령님!' 하였다.

— 〈설림 상〉

누가 보더라도 리더처럼 보이는 사람이 팔로워들에게 리더 대우를 톡톡히 받는다면 사람들은 '그런가 보다' 하고 말 것입니다. 하지만 리더처럼 보이는 사람이 오히려 팔로워들을 섬기고 공경한다면 사람들은 그 리더를 다시 보게 될 것입니다. 팔로워가 리더를 따르는 것은 널리고 널린 모습입니다. 그런 리더는 널리고 널린 리더가 될 가능성이 높습니다. 리더가 팔로워를 따르는 것은 보기 드문 모습입니다. 그런 리더는 보기 드문 리더가 될 가능성이 높습니다.

073 스스로의 뛰어남을
과시하지 않을 것

현명한 행동을 하면서 스스로 현명하다는 마음을 버릴 수만 있다면
어디를 가든 아름답지 못하다고 여겨지는 일은 없을 것이다.

—〈설림 상〉

스스로의 뛰어남을 과시하는 사람은 남들이 자신의 뛰어남을 알아갈
기회를 빼앗는 사람입니다. 스스로의 부족함을 아는 사람은 남들이 자
신의 부족함을 채워줄 기회를 창출하는 사람입니다. 진정한 뛰어남은
억지로 자신의 뛰어남을 드러내려 하지 않음에 있음을, 정말 부족함은
자신의 부족함을 모르는 데에 있음을 잊지 말아야 좋겠습니다.

074 이익이 생기는 일에는 모두가 용맹스러워진다

사람들은 뱀을 보면 소스라치게 놀라고 배추벌레를 보면 소름이 끼쳐 털이 일어선다. 그러나 고기잡이는 뱀장어를 만지고 부인들은 누에를 만진다. 이처럼 이익이 생기는 일에는 모두가 용맹스러워진다.

—〈설림 하〉

도무지 불가능해 보이는 일마저도 그것을 해냄으로써 생길 보상을 떠올려보면 두렵지 않게 느껴질 때가 있습니다. 이익을 나보다 어렵고 부족한 처지에 있는 이들과 나누는 데에도 용맹할 수 있어야 좋겠습니다. '차라리 죽는 게 낫겠다'는 이들보다는 '그래도 사는 게 낫겠다'는 이들이 많은 세상. 그런 세상은 '용맹한 이익 추구'와 '용맹한 나눔'이 함께 빛을 발할 때 찾아오게 될지도 모를 일입니다.

쓰임 없는 능력은 무용지물이다

075

백락은 그가 싫어하는 사람에게는 천리마를 감정하는 법을 가르쳤다. 그가 사랑하는 사람에게는 느리고 둔한 말을 감정하는 법을 가르쳤다. 천리마는 세상에 한 마리가 있을까 말까 한 것이기에 천리마를 감정하는 이익은 박하다. 느리고 둔한 말은 늘 팔리고 있기에 느리고 둔한 말을 감정하는 이익은 후하다.

—〈설림 하〉

몹시 대단한 능력을 지녔더라도 아무도 필요로 하지 않는다면 그런 능력은 무용지물이 될 수밖에 없습니다. 어쩌면 대단한 능력을 갖추는 일보다 더 중요한 것은 많은 곳에 쓰이게 될 능력을 갖추는 일이라 할 수 있겠습니다.

076

중요한 것은
실수 이후의 처신이다

제나라 환공이 술을 마시다 취해서 갓을 잃어버렸다. 그것이 부끄러워 사흘 동안 조회를 보지 않았다. 관중이 말했다. "임금께서는 어찌 정치로써 설욕하지 않으십니까?" 환공은 관중의 말을 듣고 창고를 열어 가난한 사람들에게 곡식을 나눠주고 감옥에 갇힌 사람들을 풀어주었다. 사흘이 지나자 백성들은 이렇게 노래했다. "환공이시여, 어찌 또다시 갓을 잃어버리지 않으십니까?"

— 〈난이〉

사람은 누구나 실수를 하고 위기를 겪습니다. 리더와 관리자도 마찬가지입니다. 중요한 것은 실수를 마냥 부끄럽게만 여기거나 위기 앞에 맹탕 좌절하지 않는 것입니다. 실수에 대처하는 방법에 따라 위기를 기회로 활용할 수도 있음을 잊지 말아야 좋겠습니다.

077 도처에 널린 것이
가장 그리기 어렵다

제나라 임금이 그림 그리는 사람에게 물었다. "그림을 그릴 때 무엇이 가장 어렵소?" "개나 말 같은 게 가장 어렵습니다." "그럼 무엇이 가장 그리기 쉽소?" "귀신이나 도깨비 같은 게 가장 쉽습니다. 개나 말은 사람들이 잘 아는 것이고 아침저녁으로 눈앞에 보이기 때문에 똑같이 그릴 수가 없습니다. 그래서 어렵다는 것입니다. 귀신이나 도깨비는 형체가 없기 때문에 눈앞에 나타나지 않습니다. 그래서 그리기 쉽다는 것입니다."

— 〈외저설좌 상〉

경쟁자가 많지 않은 유망한 시장을 블루 오션(Blue Ocean)이라고 합니다. 경쟁자가 많아 유망해지기 어려운 시장을 레드 오션(Red Ocean)이라고 합니다. 무작정 다수를 따라서 동조하는 것이 어쩌면 스스로를 가장 어려운 처지로 내모는 선택일 수 있습니다. 다수의 뜻을 존중하되 나만의 그림을 그려 나가는 일이 스스로 빛을 발하는 선택일 수 있습니다.

078 군자는 심는 일에 신중하다

사과나 배, 귤이나 유자를 심은 사람은 그것을 달게 먹게 될 것이다. 탱자나무나 가시나무를 심은 사람은 자란 뒤에 그것에 찔리게 될 것이다. 그러므로 군자는 심는 일에 신중하다.

― 〈외저설좌 하〉

'뿌린 대로 거둔다'는 격언이 떠오르는 대목입니다. 조직은 커다란 나무와도 같습니다. 무엇을 심었는가에 따라 맺는 결실도 달라지게 됩니다. 조직 구성원 하나하나는 나무의 일부분과 같습니다. 훌륭한 리더와 좋은 관리자는 무엇이 심겨 있는가를 살핌에 힘씁니다. 그리고 때에 따라 가지치기를 게을리하지 않습니다.

아이는 거짓을 주고받을
대상이 아니다

아이는 함께 거짓을 주고받을 대상이 아니다. 아이는 아는 것이 없어
부모로부터 배우는 것이고 부모의 가르침을 따르는 것이다. 지금 당
신이 아이를 속이는 것은 자식에게 속임수부터 가르치는 것이다. 어
머니가 자식을 속여 자식이 그 어머니조차 믿지 못하게 되는 것은 자
식이 가르침 받기를 기대하는 행동이라고 볼 수 없다.

― 〈외저설좌 상〉

부모는 어린 자식의 우주이고 어린 자식이 아는 세상의 전부이며 그렇
기 때문에 어린 자식의 가장 가까운 거울입니다. 그러므로 자식이 내 뜻
에 어긋날 적에는 자식을 탓하기 이전에 스스로의 행실을 돌아볼 수 있
어야 합니다.

조직이 어지러울 땐
리더가 스스로를 돌아보아야 한다

말이 무거운 짐을 지고 수레를 끌며 멀리 갈 수 있는 것은 근력이 있기 때문이다. 만 대의 수레를 가진 나라의 임금이나 천 대의 수레를 가진 나라의 임금이 천하를 제패하며 다른 임금들을 정벌할 수 있는 까닭은 그들의 위세 때문이다. 위세란 임금의 근력과 같은 것이다. 지금 대신들이 위세를 부리고 신하들이 권세를 휘두르는 것은 임금이 힘을 잃었기 때문이다. 임금이 힘을 잃고도 나라를 지탱할 수 있는 경우는 천 명 가운데 한 사람도 없다.

— 〈인주〉

법(法)·술(術)·세(勢) 가운데 세(勢)의 중요함을 강조한 대목입니다. 조직이 어지럽다면 리더는 먼저 스스로의 카리스마를 돌아볼 수 있어야 합니다. 카리스마란 억지로 자아낼 수 있는 무언가가 아닙니다. 카리스마란 내면의 성숙과 절제된 행실을 통해 남들이 자연스레 느낄 수 있게 되는 무언가입니다. 그러므로 리더가 카리스마를 잃게 되었을 땐 먼저 리더 자신이 스스로의 내면을 면밀히 성찰하고 스스로의 행실을 진중히 반성해야 합니다.

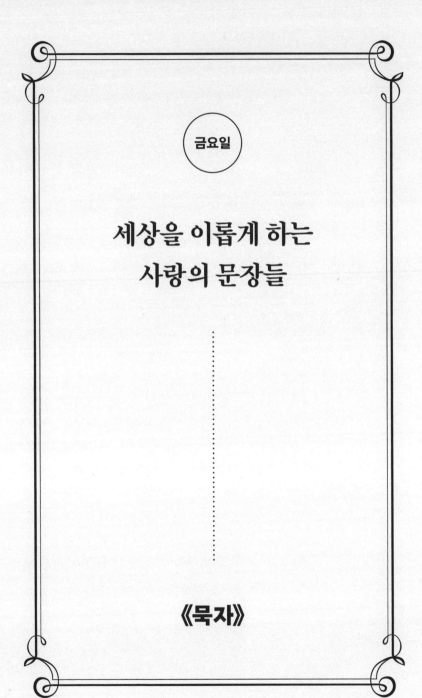

금요일

세상을 이롭게 하는
사랑의 문장들

·
·
·
·
·
·
·
·
·
·
·

《묵자》

두루 사랑할 수 있어야 행복하다

금요일은 지난 4일을 묵묵히 살아낸 스스로에게 주는 선물 같다는 느낌을 받게 될 때가 많다. 선물이란 어떠한가. 주는 사람과 받는 사람이 서로 만족할 때 가장 값지다. 만일 선물을 주는 사람은 기쁘게 준비했지만 받는 사람이 언짢아한다면 그런 선물은 귀한 취급을 받기 어려울 것이다. 반대로 주는 사람은 시큰둥한데 받는 사람만 기꺼워한다면 그런 선물도 빛을 다하기 어렵다.

묵자는 삶을 선물로 받은 모든 사람이 만족스럽게 살아갈 수 있는 세상을 꿈꿨던 인물이다. 묵자는 그 방법으로 겸애(兼愛)를 제시했다. 겸애란 두루 사랑한다는 뜻이다. 이처럼 모두가 함께 사랑할 수 있는 세상이야말로 행복한 세상임을 강조한 묵자를 일러 '동양의 예수'라고 부르는 사람들도 있다.

하지만 예수의 사상과 묵자의 철학에는 분명 얼마간의 차이가 있

......

다. 예수가 마땅히 그래야 하는 일이기에 서로 사랑해야 함을 강조했다면 묵자는 두루 사랑하는 것이야말로 진정 세상을 이롭게 하는 일임을 강조했다. 예수가 마땅히 그래야 할 당위(當爲)로서의 사랑에 초점을 맞추었다면 묵자는 세상을 이롭게 하는 방법으로서의 사랑을 추구했던 셈이다.

이러한 묵자의 생각은 당시 사람들의 생각에 정면으로 반박하는 것이었다. 끊임없이 남들과 경쟁하지 않으면 도태될 수밖에 없다는 두려움은 묵자 당시의 사람들 사이에서도 만연했다. 그러한 상황에서 '서로 다투지 말고 사랑하는 것이야말로 진정 세상에 이익이 되는 일'이라는 묵자의 외침은 낯설고 의심하기 충분했다.

하지만 곰곰이 생각해 보면 묵자의 주장에는 일리가 있다. '하늘 위 하늘 아래 나 아님이 없고 그러한 나는 오직 존귀할 뿐이다'라는 싯다르타의 말씀 천상천하유아독존(天上天下唯我獨尊)과 같은 맥락에서 묵자의 겸애를 바라보면 어떨까. 만일 이러한 겸애를 우리 모두가 실천하며 살아갈 수 있다면 그곳이 곧 천국이며 극락일 것이다.

실제로 동양인들은 예로부터 '우리(We)'라는 표현을 즐겨 썼다. 반면 서구인들은 늘 '나(I)'로써 독립적인 주체를 한정하는 경우가 많았다. 이는 오늘날에도 마찬가지다. 한국인들은 엄밀히 따지면 '내 엄마'지만 '우리 엄마'라 부르고, '내 집'이지만 '우리 집'이라 표현하는 경우가 많다. 이러한 우리의 언어 습관에는 '온 세상을 내 집으로 삼고 온 세상 사람을 내 형제로 여긴다'는 사해형제(四海兄弟)의 정신이 잘 담겨 있다.

　사해형제의 정신으로 세상을 바라보면 세월의 풍파에 낙타처럼 등이 굽은 옆집 할머니도 우리 할머니고 시험에 떨어져 깊은 우울에 빠져 지내는 윗집 아들도 우리 아들이다. 한 푼 두 푼 아껴 모은 돈으로 새집을 장만하여 싱글벙글하는 아랫집 어머니도 우리 어머니고 무슨 이유인지 알 수 없지만 술에 취해 비틀거리며 거리를 배회하는 누군가의 아버지도 우리 아버지다.

　묵자는 이처럼 나와 너의 구분을 허물고 우리의 시선으로 바라볼 수만 있더라도 세상의 많은 문제들이 자연스레 해결되리라 믿었던 것 같다. 누군가를 미워하여 툭하면 다투거나 시비(是非)를 가리느라 허비한 시간들은 돌이켜 보면 부질없고 아깝게 느껴지는 경우가 많다. 반면 누군가의 일을 내 일처럼 여기고 누군가의 마음을 내 마음처럼 헤아리느라 쏟은 시간들은 많은 세월이 흐른 뒤에 떠올려보더라도 가치 있고 의미 있게 느껴지는 경우가 많다. 그래서 묵자는 겸애야말로 세상에 이익이 되고 나와 너의 집합인 우리에게도 이익이 되는 길임을 강조하였다.

　금요일엔 지난 4일간 열렬히 살아냈다는 생각을 갖기 쉽다. 그러다 보면 고생한 스스로에게 보상하고 싶은 마음이 앞서기도 한다. 자연스레 남들과 우리는 희미해지고 오직 나의 휴식과 즐거움만이 전부인 것처럼 여겨지기도 한다. 이 세상이 모두가 함께 살아가는 '우리의 공간'임을 자칫 간과하게 되기 쉬운 요일이 금요일인 셈이다.

.....

조금 과장해서 표현해 보자면 '오늘만큼은 내 세상이야'라거나 '오늘만큼은 누구도 나를 막을 수 없어'라는 생각이 절로 들기도 하는 금요일이다. 이처럼 마음이 들뜨고 시야가 좁아지기 쉬운 금요일에 한결같은 겸애의 마음이 담긴《묵자》는 의미가 있다.

이 책과 인연이 닿을 분들께서《묵자》필사를 통해 '더불어 사는 세상에서 서로 두루 사랑함이 우리 모두에게 이익이 되는 길'이라는 마음을 잊지 않을 수 있기를 간절히 바라게 된다.

081 마음의 상태가
삶을 이끄는 원천이다

편안한 집이 없어서 편치 않은 게 아니라 내게 편안한 마음이 없기 때문이다. 충분한 재물이 없어서 만족하지 못하는 게 아니라 내게 만족하는 마음이 없기 때문이다.

—〈친사〉

동양에서 마음이란 사람의 삶을 이끌어 나가는 원천입니다. 당면한 현실이 불편하고 만족스럽지 못할 땐 먼저 스스로의 마음 자세를 살필 수 있어야 좋겠습니다.

082

언제나 본질을 먼저 생각한다

군자는 전쟁을 함에 비록 진(陳)을 잘 치더라도 용기로써 근본을 삼는다. 장례를 치름에는 비록 예의를 잘 갖추더라도 슬픔으로써 근본을 삼는다. 선비는 비록 잘 배우더라도 실천으로써 근본을 삼는다. 그러므로 근본이 안정되지 않은 사람은 말단적인 결과를 풍성히 이루려 해서는 안 된다.

―〈수신〉

전쟁에서 용기는 본질이고 전략은 말단입니다. 장례에서 슬픔은 근본이고 예절은 말단입니다. 학문에서 실천은 본질이고 배움은 말단입니다. 본질은 가까이 있고 말단은 멀리 있는 경우가 많습니다. 가까이 있는 본질은 도외시한 채 말단에만 치중하여 좋은 결과를 얻으려는 마음은 머리 대신 꼬리를 앞으로 향하게 하여 잘 걸어가기를 바라는 생각과도 다를 바 없습니다.

누구도 헐뜯지 못하는 사람

군자란 가까운 것을 잘 살펴서 가까운 것으로부터 닦아 나가는 사람이다. 수양이 되지 않은 행실을 보거나 남이 비난받는 것을 보면 자신에 대하여 그것을 반성하는 사람이다. 이로써 남의 원망을 받지 않고 행실을 닦게 되는 것이다. 남을 해치려는 못되고 악한 말은 귀에 담지 않고 남을 공격하려는 말은 입에서 내지 않으며 남을 죽이거나 상하게 하려는 뜻은 마음에 두지 않는다. 그래서 비록 남을 헐뜯으려는 백성들이라고 할지라도 군자에게는 빌붙을 데가 없다.

— 〈수신〉

끊임없이 스스로의 행실을 반성하면서도 자신의 도덕적 우월함을 내세우지 않는 사람이야말로 진정 군자답습니다. 때문에 아무리 남을 깎아내리거나 험담하고자 작정한 사람일지라도 군자는 쉽게 흠잡을 수 없습니다.

사랑과 공경과
훌륭함의 실천

마음에 두고 있는 것만으로는 사랑을 다할 수 없다. 몸을 움직이는 것
만으로는 공경을 다할 수 없다. 입으로 이야기하는 것만으로는 훌륭
함을 다할 수 없다. 이것들이 팔다리에까지 두루 뻗치고 이것들이 살
갗에까지 가득 차서 머리가 희어지고 빠지도록 이것들을 버리지 않
아야만 한다.

－〈수신〉

사랑하고자 하는 생각과 공경하고자 하는 마음과 전달하고자 하는 말
이 머리카락이 세고 빠지도록 진실로 간절해야 팔다리가 그보다 먼저
움직일 수 있습니다.

함께 가기 어려운 사람

뜻이 굳세지 않은 사람은 지혜로워질 수 없다. 말이 믿음직스럽지 못한 사람은 행동을 제대로 할 수 없다. 재물을 가지고도 남들과 나누지 못하는 사람은 더불어 벗으로 사귀기 어렵다. 올바른 도리를 성실히 지키지 않고 사물을 널리 분별하지 못하며 옳고 그름을 살펴서 분간하지 못하는 사람과는 함께 가기 어렵다.

—〈수신〉

'두루 사랑함'을 뜻하는 겸애가 세상에 펼쳐지려면 겸애를 실천할 수 있는 사람이 많아져야 하고 이들이 서로 뜻을 모을 수 있어야 합니다. 겸애의 확장은 겸애를 실천할 수 있는 사람이 누구인가를 명확히 알고 그들과 함께함으로써 이뤄질 수 있을 것입니다.

086 사람을 곁에 두기 위해서
명심할 두 가지

말하는 데에 힘쓰면서 실천하는 데에 소홀하다면 비록 말을 잘하더라도 반드시 들어줄 사람이 없게 될 것이다. 능력이 많더라도 자기 공로를 자랑한다면 반드시 함께 일하려는 사람이 없게 될 것이다. 지혜로운 사람은 마음속으로는 말을 잘하더라도 구태여 이야기하지 않고 능력이 많더라도 공로를 자랑하지 않는다.

— 〈수신〉

말보다 중요한 것은 실천이며 공을 세움보다 중요한 것은 자랑하지 않음입니다. 지혜로운 사람은 늘 스스로의 말과 실천이 일치하는가를 살피며 스스로 세운 공을 과시한 적은 없었던가를 살핍니다. 그래서 지혜로운 사람 곁에는 늘 그의 말을 들어줄 사람이 있고 그와 함께 일하고자 하는 사람이 있습니다.

087

명성과 명예의 조건

명성은 아무렇게나 하여서 이뤄지는 것이 아니다. 명예는 꾀를 부려
세울 수 없는 것이다. 군자란 몸소 실천하는 사람을 가리키는 말이다.

―〈수신〉

실천의 중요성은 아무리 강조해도 지나치지 않습니다. 특히 군자에게
있어서 실천이 없는 배움이란 죽은 배움, 꾀를 부려 이룩된 명예는 죽은
명예와 같습니다.

어떻게 물들어 갈 것인가

파란 물감으로 물들이면 파랗게 되고 노란 물감으로 물들이면 노랗게 된다. 물들이는 물감이 변하면 그 색깔도 변한다. 다섯 가지 물감을 저마다 넣기만 하면 곧 저마다 다섯 가지 빛깔이 되어 버린다. 그러니 물드는 일에는 조심하지 않을 수가 없다.

— 〈소염〉

아름다운 빛깔로 물들어 가는 가장 좋은 방법은 아름답지 못한 빛깔을 멀리하고 아름다운 빛깔을 가까이하는 것입니다. 지금 내 본성의 빛깔은 어떻게 물들어 있는가. 앞으로 내 본성은 어떻게 물들어 갈 것인가. 고민하지 않을 수 없습니다.

089 남을 사랑하는 사람에게는
반드시 축복이 내린다

하늘은 진실로 모든 것을 두루 보전해 주고 먹여 살려 주고 있다. 무슨 말로 사람들이 서로 사랑하고 서로 이롭게 해주기를 바라지 말아야 한다고 주장하겠는가? 그러므로 남을 사랑하고 남을 이롭게 하는 사람에게는 하늘이 반드시 축복을 내리고 남을 미워하고 남을 해치는 사람에게는 하늘이 반드시 재앙을 내리는 것이다.

―〈법의〉

하늘은 좋은 사람이든 나쁜 사람이든 차별 없이 햇빛을 비추어 주고 발을 딛고 살아갈 수 있는 땅을 제공해 주며 마실 물을 내어줍니다. 하늘이 누군가를 특별히 더 사랑하여 예뻐하거나 누군가를 특별히 더 미워하여 홀대하는 경우는 없습니다. 묵자의 하늘은 나만 잘되기를 바라지 않습니다. 모두가 함께 잘되기를 바랍니다.

마음의 씀씀이를 꾸준히 살필 것

풍년이 든 때에는 백성들이 어질고도 착해지지만 흉년이 든 때에는 백성들이 인색하고도 악해진다. 백성들에게 어떻게 일정한 성격이 있을 수 있겠는가? 그러므로 '재물이 부족하면 때를 반성하고 식량이 부족하면 씀씀이를 반성한다'고 하는 것이다.

―〈칠환〉

시절이 좋아 모두의 마음이 여유로울 때 겸애를 실천하기란 쉽습니다. 하지만 시절이 나빠 모두의 마음이 각박할 때 인색하고 모질게 굴지 않기란 어렵습니다. 생활고를 호소하는 사람이 많을 땐 당착한 현실의 구조를 살펴보고 구조적 모순을 해결하고자 노력해야 합니다. 생활의 씀씀이가 여의치 못한 가운데서도 마음의 씀씀이를 여유롭게 할 수 있음이 겸애의 핵심입니다.

남을 사랑하기를
자신의 몸을 사랑하듯이 한다면

만일 온 천하로 하여금 모두가 서로 사랑하게 하여 남을 사랑하기를 그의 몸을 사랑하듯이 한다면 도리에 어긋나는 짓을 하는 사람이 있 겠는가?

—〈겸애〉

묵자의 핵심 사상인 겸애의 원리를 구체적으로 잘 설명하고 있는 대목 입니다. 이로써 살펴보면 겸애의 핵심 원리는 무차별, 즉 '차별하지 않 음'에 있음을 알 수 있습니다.

092 하늘의 뜻은 사랑에 있다

하늘의 뜻은 큰 나라가 작은 나라를 공격하는 것과 큰 집안이 작은 집안을 어지럽히는 것과 강한 세력이 수가 적은 세력에게 포악한 짓을 하는 것과 사기꾼이 어리석은 사람을 속이는 것과 귀한 사람이 천한 사람에게 오만하게 구는 것을 바라지 않는다. 대신 사람들이 힘이 있으면 서로 도와주고 도리를 알면 서로 가르쳐 주고 재물이 있으면 서로 나누어 갖기를 바란다.

― 〈비공〉

묵자의 하늘은 큰 것으로써 작은 것을 억압하는 일을 바라지 않습니다. 또 다수가 소수를 압박하는 일도 바라지 않습니다. 가진 자가 덜 가진 자에게 횡포 부리는 일도 바라지 않습니다. 신분이 높은 사람이 지위가 낮은 사람을 무시하는 일도 바라지 않습니다. 종합하면, 하늘은 어떠한 갑질도 바라지 않는 셈입니다.

093 이상과 현실의 균형

물건의 무게를 잴 때 머리카락으로 매어 달고 잰다고 해보자. 가볍고 무거운 정도에 따라 머리카락이 끊어지는데, 그 이유는 균형이 잡히지 않았기 때문이다. 균형이 잡혔다면 그것은 끊어지고자 해도 끊어질 수가 없다.

―〈경설〉

지금 내 힘은 머리카락 한 올처럼 가늘고 약한데 온 세상을 이롭게 하려는 뜻을 품는다면 그 뜻은 좌절되기 쉽습니다. 이상과 현실이 균형을 이룬 삶이야말로 아름다운 삶입니다. 이상과 현실의 간극을 좁혀 나가는 일은 뜻을 함께하는 사람들이 힘을 합침으로써 가능해집니다.

다름과 같음 중
무엇을 바라볼 것인가

한 가지 네모꼴이라면 한 종류이다. 모두 저마다의 규격이 있지만 조금씩 다를 뿐이어서 어떤 것은 나무가 되고 어떤 것은 돌이 된다. 하지만 그것들이 네모꼴로 서로 들어맞는 데에는 방해가 되지 않는다.

―〈경설〉

묵자가 차별의 무의미함을 강조한 대목입니다. 남자와 여자는 성별을 기준으로 보면 다르지만 사람임을 기준으로 보면 같습니다. 동양인과 서양인은 피부색을 기준으로 보면 다르지만 사람임을 기준으로 보면 같습니다. 남한과 북한은 국경을 기준으로 보면 다르지만 한민족임을 기준으로 보면 같습니다. 이처럼 차별이란 다름에 주목하기보다 같음에 주목하려는 노력을 통해 점차로 해소될 수 있습니다.

095 관심의 힘

두세 명의 제자들이 묵자에게 말했다. "고자(告子)가 가르치기를, 묵자는 의로움을 말하지만 행동은 나쁘니 묵자를 따르지 말라고 합니다." 묵자가 말했다. "내 말에 찬성하면서 내 행동을 비난하는 것이 무엇도 없는 것보다는 낫다."

— 〈공맹〉

'무플보다 악플이 낫다'는 말은 무관심보다는 내게 거슬리는 관심이라도 있는 편이 낫다는 뜻입니다. 사람들은 서로의 단면을 보며 살아갑니다. 나의 전체를 보아주기를 바라는 마음은 나만의 욕심일 수 있습니다. 나의 단면만이라도 누군가 관심을 가지고 이해해 준다면 행복한 일이라 하겠습니다.

096 헤아림이란 치우치지 않는 것

헤아림이란 두 가지가 있더라도 어느 한편으로 치우치지 않는 것
이다.

— 〈경설〉

헤아림이 뛰어난 사람을 사려 깊은 사람이라고 합니다. 사려 깊은 사람
은 두 가지 측면을 보았을 때 어느 한편으로 자신의 마음이 치우치는 것
을 경계합니다. 세상에 완벽한 무언가는 없음을 알기 때문입니다.

진정 정의로운 자는 정의로움을 독려한다

묵자가 노(魯)나라에서 제(齊)나라로 갔다가 옛 친구를 방문했다. 친구가 묵자에게 말했다. "지금 천하엔 의로움을 실천하는 사람이 없는데 자네 홀로 스스로를 괴롭히며 의로움을 행하고 있으니 자네도 그만두는 게 좋겠네." 묵자가 말했다. "지금 여기에 한 사람이 있는데 자식이 열 명 있다고 쳐보세. 한 사람만 농사를 짓고 아홉 명은 들어앉아 있다면 농사짓는 자식은 더욱 다급히 일하지 않을 수 없네. 왜냐하면 먹는 사람은 많은데 농사짓는 사람은 적기 때문일세. 지금 천하에 의로움을 행하는 사람이 없다면 자네는 마땅히 내게 의로움을 더욱 권해야 하겠거늘 어째서 그만두라며 나를 말리는가?"

— 〈귀의〉

'세상이 원래 그렇고 남들도 다 그렇게 한다'는 말은 핑계가 될 수 없습니다. 정의로운 사람은 세상이 원래 그럴수록, 또 남들이 다 그렇게 할수록 더욱 열과 성을 다해 정의로움에 힘씁니다. 정의로움이 필요한 곳은 많은데 정의로움을 실천하고자 하는 사람은 적기 때문입니다. 이러한 상황에서 진정 정의로운 사람들은 더욱 정의로워지자며 서로를 독려합니다.

098 겉으로 드러난 모습과
속마음을 함께 살필 것

노나라 임금이 묵자에게 말했다. "내게 두 아들이 있소. 한 녀석은 학문을 좋아하고 한 녀석은 남에게 재물 나누어 주길 좋아하오. 누구를 태자로 삼는 게 좋겠소?" 묵자가 말했다. "알 수 없습니다. 어떠한 보상이나 명예를 위해서 그렇게 하는 것일지도 모르니까요. 낚시하는 사람이 공손한 것은 고기에게 먹이를 주기 위한 것이 아닙니다. 쥐에게 독이 든 떡을 먹이는 것은 쥐를 사랑하기 때문이 아닙니다. 저는 임금께서 아들들의 뜻과 보람을 합쳐서 관찰해 보시길 바랍니다."

— 〈노문〉

좋아하는 일로부터 보람을 느낄 순 있지만 단순히 보람을 느끼기 위해서 어떠한 일을 억지로 좋아하게 될 수는 없습니다. 묵자는 겉으로 드러나는 모습뿐 아니라 한 사람의 진실된 마음까지를 함께 살펴야 비로소 그 사람이 무엇을 좋아하는지 자세히 알게 될 수 있음을 강조하고 있습니다.

099   적게 베풀었다면
많이 바라지 마라

어떤 사람에게 적은 것을 베풀고 많은 것을 바란다면 앞으로 그 사람
은 자기에게 무엇이라도 주면 어떻게 하나 두려워하게 될 것이다.

—〈노문〉

적은 것을 주고 많은 것을 바란다면 상대방은 점차로 받는 것 자체를 꺼
리게 될 것입니다. 특별한 목적 없이 내게 있는 무언가를 내어줄 수 있
는 것이야말로 진정한 사랑임을 잊지 말아야 좋겠습니다.

100 나에게 물어야 할 것을
남에게 묻지는 않았는가

묵자의 밑으로 배우러 온 사람이 있었다. 묵자가 말했다. "어째서 배우질 않았는가?" 그가 대답했다. "저희 집안사람 중에 배우는 사람이 없었습니다." 묵자가 말했다. "그렇지 않다. 아름다움을 좋아하는 사람이 어떻게 우리 집안사람 중에 아름다움을 좋아하는 사람이 없었으므로 좋아하지 않았다고 말할 수 있겠는가?"

― 〈공맹〉

세상엔 남들의 눈치를 살피는 것만큼 무의미한 일도 드뭅니다. 눈치란 '스스로에게 물어야 할 것을 남에게 묻는다'는 뜻입니다. 때때로 눈치란 좋은 핑계를 제공하기도 합니다. 하지만 배움에는 핑계가 있을 수 없습니다. 애써 배우고 힘써 실천함이 있을 뿐입니다.

토요일

마음의 소란을 다스리는
지혜의 문장들

⋮

《장자》

여유로운 하루를 위한 길라잡이

일주일 가운데 가장 즐거운 요일을 꼽으라면 토요일을 떠올리는 사람이 많을 것이다. 그만큼 토요일은 별다른 이유 없이 즐겁다. 토요일은 왜 즐거울까?《논어》에 이런 대목이 실려 있다. "아는 사람은 그것을 좋아하는 사람만 못하다. 좋아하는 사람은 그것을 즐기는 사람만 못하다." 오늘이 토요일이라 기분 좋은 사람이 그렇지 않은 사람보다 하루를 더 뜻깊게 보낼 가능성이 높다. 또 토요일이라 기분 좋은 사람보다는 이번이 마지막 토요일인 것처럼 즐기는 사람이 토요일을 더만끽할 가능성이 높다.

좋음과 즐김은 얼핏 비슷해 보이지만 약간 다르다. '좋아할 호(好)'는 여성(女)과 남성(子)이 붙어 있는 모양새다. '마음에 드는 이성에 대한 마음' 같은 것이 좋음인 셈이다. 그렇다면 '즐길 락(樂)'은 어떤 모습일까? 실(絲)과 나무(木)와 피크(白)가 결합된 글자다. 실과 나무

......

로 된 기타나 가야금 같은 악기를 피크로 연주할 때, 그 연주를 들으며 마음에 일어나는 편안한 감정이 즐김인 셈이다.

마음에 드는 사람과 데이트를 하게 됐다고 생각해 보자. 분명 좋은 느낌이야 있겠지만 잘 보이고 싶다는 생각으로 마음이 마냥 편치 않을 것이다. 하지만 눈치 볼 것 없이 마음을 편안하게 해주는 사람과 있을 때에는 그저 즐거울 따름이다. 일도 마찬가지다. 좋은 일이란 단순히 내가 하고 싶은 무언가일 수 있다. 하지만 즐거운 일이란 나를 진정으로 편안하게 해주는 무언가다.

아마 동양의 사상가들 가운데 장자만큼 몸과 마음이 편안하길 바랐던 인물도 드물 것이다. 장자는 마치 소풍을 나온 사람처럼 한평생 쉬엄쉬엄 놀 듯이 살 수 있기를 꿈꿨다. 그럴 수 있으려면 누구와도 다투지 않으려는 마음가짐이 필요했다. 장자가 다투지 말아야 할 구체적인 대상은 자연과 사람이었다.

여러 사람이 기쁘게 나선 소풍 중 갑자기 비가 내렸다고 상상해 보자. 왜 하필 지금 비를 내리느냐고 하늘에 삿대질을 하며 툴툴거리는 사람은 남은 소풍을 편안하게 마무리하기 어려울 것이다. 여기에 누군가가 '화를 내려면 혼자 낼 것이지 왜 남의 기분까지 잡치느냐'며 볼멘소리를 해 이번엔 사람들끼리 다투기 시작한다면 그 소풍은 엉망이 되고 말 것이다. 장자는 인생이라는 소풍에서 이런 불상사가 생기지 않기를 간절히 바랐던 인물이다.

비가 온다며 툴툴대는 대신 비가 오니 운치가 있다며 자연과 다투지 않는 사람. 이런 사람을 장자는 안명(安命)하는 사람이라고 하였다. 안명이란 '내 노력과 의지만으로 어찌할 수 없는 일들을 편안한 마음으로 받아들인다'는 뜻이다. 나는 비 오는 풍경이 운치 있게 느껴지지만 누군가는 비 오는 게 싫을 수도 있겠다며 다른 사람을 이해하는 사람. 이러한 사람을 장자는 제물(齊物)하는 사람이라고 하였다. 제물이란 '세상 만물은 늘 상대적일 수 있다는 마음으로 누구는 맞고 누구는 틀리다는, 무엇은 좋고 무엇은 나쁘다는 판단을 지혜롭게 정리한다'는 뜻이다.

또 장자는 누구보다도 본성을 강조했던 인물이다. 본성이란 '타고난 성질'이라는 뜻으로 사람마다 조금씩 다르고, 그렇기에 고유할 수밖에 없는 저마다의 개성이다. 장자는 말 같은 본성을 타고난 사람에게 소처럼 일을 시키거나 소 같은 본성을 타고난 사람에게 말처럼 달릴 것을 강요해선 곤란하다고 생각했다. 소는 소답게 말은 말답게, 운동을 잘하는 사람은 운동을 즐기고 공부를 잘하는 사람은 공부를 즐기며 살아갈 수 있는 세상. 이처럼 자신의 개성대로 살아가면서도 남의 눈치를 살피지 않을 수 있는 세상. 그것이 장자가 꿈꿨던 세상이었다.

이로써 살펴보면 사람들이 조화로울 수 있기를, 또 세상이 평화로울 수 있기를 장자처럼 바랐던 인물도 드물 것이란 생각이 든다. 우리네 대다수도 마찬가지다. 적어도 토요일만큼은 소풍 같기를, 토요일

.....

만큼은 누구와도 다투지 않아 평화로울 수 있기를 바라지 않는 사람은 드물 것이다.

토요일의《장자》필사는 소풍처럼 여유롭고 평화로운 하루를 위한 길라잡이라고 하여도 과언이 아닌 셈이다. 토요일의《장자》필사를 통해 한없는 평화와 즐거움이 깃들기를 간절히 바라게 된다.

101 끝이 없는 것을 좇으면
위태롭다

우리네 삶에는 끝이 있지만 앎에는 끝이 없다. 끝이 있는 삶을 가지고
끝이 없는 앎을 좇는다면 위태로울 것이다.

— 〈양생주〉

유한한 것으로 무한한 것을 따라잡거나 덮을 수는 없습니다. 정보와 지
식, 재물과 권력을 향한 욕심은 무한하지만 우리의 삶에는 언제나 끝이
있습니다. 끝이 있는 것으로써 끝이 없는 것을 추구하려는 사람은 스스
로 자신을 위태롭게 만들 뿐입니다.

지극한 사람의 마음 씀은 거울과 같다

102

지극한 사람의 마음 씀은 거울과 같다. 가는 것을 배웅하지 않고 오는 것을 마중하지 않는다. 변화에 순응할 뿐 감추는 것이 없다. 그러므로 만물을 이겨내면서도 상처받지 않을 수 있다.

—〈응제왕〉

거울이 마음에 드는 사람만 비추어 주고 마음에 들지 않는 사람이라고 해서 비추어 주지 않는 경우는 없습니다. 지극한 사람은 거울 같은 마음 가짐으로 삶에서 맞닥뜨리는 여러 사태를 있는 그대로 받아들일 뿐입니다. 그러므로 좋은 사태와 나쁜 사태, 맞는 사태와 틀린 사태를 구분하느라 마음에 상처받을 일이 없습니다.

잡아맬 수 없는 게 사람의 마음이다

가냘픈 것은 억세고 강한 것들을 부드럽게 만드는데 사람들은 날카롭고 모나게 쪼려고만 한다. 뜨겁게 달아오를 땐 타오르는 불길 같고 차갑게 식을 땐 꽁꽁 언 얼음 같게 된다. 마음의 빠르기는 눈 깜짝할 새 이 세상 밖을 두 번이나 돌 정도이다. 가만히 있을 땐 깊은 연못처럼 고요하지만 한번 움직이기 시작하면 하늘 끝까지 날아오른다. 성을 냈다 뽐냈다 하여 잡아맬 수가 없는 게 사람의 마음이다.

― 〈재유〉

마음의 빠르기는 세상에 비길 데가 없습니다. 마음이 제멋대로 요동치는 이유는 대체로 욕심 때문입니다. 마음을 고요히 하여 내적 평화를 유지하는 가장 좋은 방법은 삶에서 여유를 가지는 것입니다. 무언가에 쫓기듯 조급하게 사는 대신 잠시 욕심을 내려놓고 스스로를 돌아볼 수 있는 지혜가 필요합니다.

104 진정으로 어리석은 사람

스스로의 어리석음을 아는 사람은 크게 어리석은 것은 아니다. 스스로가 미혹되었음을 아는 사람은 크게 미혹된 것은 아니다. 크게 미혹된 사람은 평생토록 자신의 잘못을 이해하지 못한다. 크게 어리석은 사람은 평생토록 자신이 틀렸음을 깨닫지 못한다.

—〈천지〉

사람은 누구나 부족합니다. 그래서 저마다의 어려움이 있습니다. 자신의 부족함을 스스로 아는 사람은 크게 부족한 사람은 아닙니다. 하지만 자신에게 부족함이 없다고 생각하는 사람은 크게 부족한 사람입니다. 누구나 조금씩은 부족할 수 있음을 아는 사람들이 더 많으면 세상은 점차로 나아질 수 있습니다.

105 지혜로운 사람은
변화의 흐름에 자신을 맡긴다

물 위를 여행하는 데에는 배를 쓰는 일보다 더 좋은 것이 없다. 땅 위를 여행하는 데에는 수레를 쓰는 일보다 더 좋은 것이 없다. 배로 물 위를 다닐 수 있다고 해서 땅에서도 그런 식으로 밀고 나가려 한다면 평생을 가도 얼마 나아가지 못할 것이다. 옛날과 지금이란 물과 육지와 같은 것 아니겠는가?

― 〈천운〉

옛날에는 말도 안 되는 무언가로 생각되던 것이 지금에 와서는 너무나 당연한 무언가로 받아들여지기도 합니다. 세상의 변화란 사람의 힘으로 어찌할 수 없는 것입니다. 그래서 지혜로운 사람은 변화의 흐름에 자신을 맡기고 세상과 다투지 않습니다.

106 오만과 편견을
누그러뜨리려면

우물 안 개구리에게 바다에 대해서 말해줘도 이해하지 못하는 것은 공간의 구속을 받고 있기 때문이다. 여름 한 철만 사는 벌레에게 얼음에 대해서 말해줘도 이해하지 못하는 것은 시간의 구속을 받고 있기 때문이다. 마음이 비뚤어진 사람에게 진리에 대해서 말해줘도 이해하지 못하는 것은 자신이 전수받은 가르침에만 속박되어 있기 때문이다.

—〈추수〉

나의 공간과 시간만이 좋다는 생각이 오만이며 나의 공간과 시간 외에는 보지 않으려 하는 것이 편견입니다. 오만과 편견을 누그러뜨리기 위해 필요한 것이 가르침입니다. 가르침을 받기 위해선 먼저 비뚤어지지 않은 순수한 마음이 필요합니다. 순수한 마음이란 '내가 틀릴 수도 있고 내가 모를 수도 있다'는 마음입니다.

107 하늘과 땅이 쌀알만 할 수도 있음을 아는 것

상대적인 관점에서 보자면, '그것에 비해서 크다'는 입장에서 말하면 만물에는 크지 않은 것이 없게 된다. '그것에 비해서 작다'는 입장에서 말하면 만물에는 작지 않은 것이 없게 된다. 하늘과 땅도 더 큰 것과 비교하면 쌀알 하나 정도로 생각될 수 있음을 아는 것. 털끝도 더 작은 것과 비교하면 큰 산 정도로 여겨질 수 있음을 아는 것. 이는 상대적인 관점에서 그렇게 될 수 있음을 아는 것이다.

— 〈추수〉

세상 만물은 상대적입니다. 나의 기준이 절대적일 것이란 생각만큼 위험한 교만도 없습니다. 저마다의 취향을 옳고 그름, 좋고 나쁨의 잣대로 구분하는 것만큼 세상의 평화를 해치는 일은 없습니다.

당신의 재능이
빛을 발하려면

대들보나 기둥이 될 만한 나무로는 성벽을 무너뜨릴 수 있지만 구멍을 막을 수 없다. 그것은 기구가 다르기 때문이다. 천리마는 하루에 천 리를 달릴 수 있지만 쥐를 잡는 데에는 살쾡이만 못하다. 그것은 재주가 다르기 때문이다. 올빼미는 밤에는 벼룩을 잡고 털끝도 볼 수 있지만 낮에 나와서는 눈을 뜨고도 큰 산조차 보지 못한다. 그것은 본성이 다르기 때문이다.

― 〈추수〉

사람의 본성을 천성(天性)이라고도 합니다. 천성이란 '하늘이 내린 성질'이라는 뜻입니다. 하늘이 내린 성질이란 '하늘이 그 사람에게 선물한 재능'과도 같은 말입니다. 하늘로부터 선물받은 나의 재능이 빛을 발하지 못하도록 방해하는 것들이 있습니다. '~처럼 되고 싶다'거나 '~처럼 살고 싶다'며 남과 나를 비교하고 또 부러워하는 마음입니다.

가치를 바깥에 두면
마음은 옹졸해진다

109

질그릇을 내기로 걸고 활을 쏘면 잘 쏠 수 있다. 허리띠 장식을 내기로 걸고 쏘면 마음이 켱기게 되고 황금을 내기로 걸고 쏘면 눈앞이 가물가물해진다. 활 쏘는 사람의 기술은 늘 같지만 아끼는 마음이 있게 되면 밖의 것들을 소중히 여기게 된다. 밖의 것들을 소중히 여기게 되면 속마음은 옹졸해진다.

— 〈달생〉

좋거나 나쁜 일, 맞거나 틀린 일을 끊임없이 따지려는 사람의 마음에는 여유가 깃들 틈새가 없습니다. 내게 좋다고 여겨지는 일, 내가 맞다고 생각하는 일만을 아끼게 될수록 마음은 점점 더 구차해집니다. 밖의 것들이란 내게 달려 있지 않은 일들을 의미합니다. 오롯이 내게 달려 있는 것은 내 마음뿐일 것입니다. 끊임없이 어떠한 일의 좋고 나쁨, 옳고 그름을 따지지 않을 때 마음의 평화는 찾아들 수 있습니다.

110 마음이 평화로운 사람은
구태여 평화를 찾지 않는다

발을 잊는 이유는 신발이 알맞기 때문이다. 허리를 잊는 이유는 허리
띠가 알맞기 때문이다. 옳고 그름을 잊는 이유는 마음이 알맞기 때문
이다. 안으로 마음이 변하지 않고 밖으로 사태에 이끌리지 않는 이유
는 재능과 기회가 알맞기 때문이다. 알맞음에서 시작하여 알맞지 않
은 일이 없게 되면 알맞음이 알맞은 것조차 잊게 된다.

— 〈달생〉

마음을 알맞게 간직하는 사람은 남들과 자신을 비교하거나 경쟁시키지
않습니다. 부질없이 남들을 부러워하지도 않고 남들처럼 살고자 헛된
노력을 기울이지도 않습니다. 본성을 따라 사는 사람은 마음을 평화롭
게 여기고자 억지로 노력할 필요조차 없습니다. 마음의 평화로움이 어
쩌다 간신히 찾아오는 기적이 아니라 지극히 자연스러운 일상이 되어
버리는 일. 그것이 자신의 본성을 알고 본성에 알맞게 살아가려는 사람
에게 내리는 하늘의 선물일 것입니다.

때로는 빈 배처럼
텅 빈 마음으로 산다

배를 바르게 하여 강을 건너는데 만약 빈 배가 와서 자기 배에 부딪쳤다면 비록 마음이 좁은 사람이더라도 화를 내지 않을 것이다. 하지만 만일 한 사람이라도 배에 올라 있다면 곧 떨어져 물러나라며 소리를 칠 것이다. 한 번 소리쳐서 듣지 못하면 두 번 소리치고 그래도 듣지 못하면 세 번 소리치면서 틀림없이 나쁜 소리까지 뒤따르게 될 것이다. 먼젓번에는 화내지 않았다가 지금은 화를 내는 이유는 앞의 것은 빈 배였는데 지금 것은 사람이 타고 있는 배이기 때문이다. 사람이 자기 마음을 텅 비우고서 세상을 노닌다면 누가 그를 해칠 수 있겠는가?

― 〈산목〉

다툼의 시작은 의도나 의견 등의 충돌입니다. 내가 옳다는 고집을 꺾어버림으로써 빈 배가 되어 세상을 노닐 수 있다면 어떨까요. 누구와 만나더라도 다툼으로 마음의 평화를 해치는 일은 없게 될 것입니다.

112 세상 만물은
변화하고 또 변화한다

사람들은 자기에게 아름답게 보이는 것을 신기하다고 한다. 자기에게 추하게 보이는 것을 고약하고 썩었다 한다. 그러나 고약하고 썩은 것은 다시 변화하여 신기한 것이 된다. 신기한 것이 다시 변화하여 고약하고 추한 것이 되기도 한다. 그러므로 '천하는 한 가지 기운으로 통하게 되는 것'이라고 한다.

—〈지북유〉

동양인들은 다른 무엇보다도 변화를 긍정하였습니다. 한번 선한 사람이라고 하여서 영원히 선한 사람일 것이란 보장은 없습니다. 또 한번 악한 길에 빠진 사람이라고 하여서 그가 죽도록 회개하지 않으리란 보장도 없습니다. 변화할 수 있는 가능성이라는 측면에서 세상 만물은 평등합니다.

척하지 않는 사람이
자연스럽다

남에 대한 관심을 버리고 자기에게서 구할 수 있어야 한다. 아이는 온
종일 울어도 목이 쉬지 않는데 자연과의 조화가 지극하기 때문이다.
또 하루 종일 주먹을 쥐고 있어도 손을 저려 하지 않는데 자연의 덕과
일치하기 때문이다. 온종일 보면서도 눈을 깜빡거리지 않는데 밖의
일들에 편견이 없기 때문이다. 길을 가도 가는 곳을 알지 못하고 앉아
있어도 할 일을 알지 못한다. 밖의 일들에 순응하고 자연의 물결에 스
스로를 맡길 뿐이다.

— 〈경상초〉

《장자》에서 자연의 덕이란 무위자연(無爲自然)입니다. 억지로 척함이
없고 자연스럽다는 뜻입니다. 사람이 척하게 되는 까닭은 선입관 때문
인 경우가 많습니다. 스스로의 무지와 오류에 대한 가능성을 늘 열어두
는 사람은 깜짝 놀라 눈이 휘둥그레질 일이 적습니다. 자신의 힘으로 어
찌할 수 없는 사태를 있는 그대로 받아들이고 자연의 물결에 스스로를
노닐게 할 뿐입니다.

지극한 관계를 만드는 것들

114

시장에서 남의 발을 밟으면 곧바로 잘못을 사과하지만 자기 형의 발을 밟았다면 '어이쿠' 소리 정도만 내고 만다. 크게 친한 사이라면 아무런 내색조차 하지 않는다. 그러므로 지극한 예절에는 자기와 남의 구별이 없고 지극한 의리에는 사태의 구분이 없고 지극한 앎에는 꾀가 없고 지극한 어짊에는 특별히 친한 사람이 없고 지극한 믿음에는 금전이 개입되지 않는다고 하는 것이다.

—〈경상초〉

지극한 예절이란 나를 너로 여기고 너를 나로 여김에 불편함이 없는 것입니다. 지극한 의리란 나의 일 너의 일을 구분하지 않는 것입니다. 지극한 지혜란 억지로 계책을 세울 필요가 없는 것입니다. 지극한 어짊이란 특별 대우가 없는 것입니다. 지극한 신뢰의 경지란 금전적 보증이 필요치 않은 것입니다.

115 말을 잘한다고
현명한 사람이 아니다

개는 잘 짖는다고 해서 좋은 개가 되는 것이 아니다. 사람은 말을 잘한다고 해서 현명한 사람이 되는 것이 아니다. 하물며 큰사람이야 말과 무슨 상관이 있겠는가? 스스로 큰사람이라 여기는 것은 정말로 큰사람일 수 없는 것이니 그것이 어떻게 덕이 되겠는가?

— 〈서무귀〉

말이란 스스로를 내세우고 싶은 마음이 들 때 어려워지고 장황해지기 쉽습니다. 하지만 진정 큰사람은 자신의 말을 양보해서 남의 말을 경청하고 그것에 공감할 줄 아는 사람입니다.

116 무용해 보이는 것에도
반드시 쓸모가 있다

쓸모없음을 알아야 비로소 쓸모를 이야기할 수 있다. 땅은 넓고도 크기 짝이 없지만 사람들이 걸을 때 쓰는 부분은 발로 밟는 부분뿐이다. 그렇다고 발을 재서 그 밖의 땅들은 저세상에 이르기까지 깎아내려 버린다면 사람들이 그대로 땅을 쓸 수 있겠는가? 그렇다면 쓸모없는 것들의 쓰임새도 분명해졌을 것이다.

— 〈외물〉

하늘의 뜻은 쓸모없음과 쓸모 있음이 조화를 이루는 것입니다. 세상에는 늘 빛과 그림자가 있고 누구에게나 장단점이 있습니다. 살다 보면 유용한 것만이 좋다는 생각에 사로잡히곤 합니다. 하지만 무용하게 느껴지는 것들이 없다면 유용함조차도 규정할 수 없습니다. 쓸모는 상대적일 수 있음을 잊지 말아야 좋겠습니다.

큰 산도 낮은 흙들이 쌓여 높아졌다

언덕과 산도 낮은 흙들이 쌓여서 높아진 것이고 강물도 시냇물이 합쳐져서 커진 것이다. 이처럼 큰사람이란 합쳐서 공을 이룬다. 그러므로 밖에서 의견이 제시되면 자기 주관이 있더라도 그것에만 집착하지 않는다. 자기의 의견이 바르더라도 남의 생각을 거부하지 않는다.

— 〈칙양〉

큰사람은 협력을 중시하며 가능성에 주목합니다. 소수의 의견이라고 하여서 물리침이 없고 부족한 생각이라고 하여서 무시함이 없습니다. 몹시 뛰어난 한 사람이 여럿을 당해낼 수 없음을 알기 때문입니다. 이처럼 큰사람의 덕목은 수용력으로부터 빛을 발하는 경우가 많습니다.

무력을 믿으면
망하게 될 뿐

성인은 반드시 그러한 것도 꼭 그렇다고 고집하지 않는다. 그러므로
무력을 동원하는 일이 없다. 평범한 사람들은 꼭 그렇지만은 않은 것
도 반드시 그렇다고 고집한다. 그래서 많은 경우를 무력을 써서 해결
하려 든다. 무력을 따르기 때문에 행동에 추구하는 것이 있게 된다.
무력을 믿으면 망하게 될 뿐이다.

― 〈열어구〉

《도덕경》에는 유력함과 강함의 차이를 설명한 대목이 실려 있습니다.
"남을 이기는 사람은 힘이 센 것에 불과하지만 자신을 이기는 사람은 진
정 강하다." 노자에 따르면 남을 굴복시킬 수 있는 사람은 유력한 사람
입니다. 남을 굴복시키고 싶은 자신의 뜻을 꺾을 수 있는 사람은 강한
사람입니다. 자신의 뜻을 굽힐 줄 모르는 사람은 그저 유력한 사람에 불
과합니다. 그리고 유력함은 영원하지 않습니다.

119 어떤 말도 진실한 마음 앞에서는 작아진다

통발이란 물고기를 잡는 데에 필요한 것이므로 물고기를 잡고 나면 통발을 잊는다. 올가미란 토끼를 잡는 데에 필요한 것이므로 토끼를 잡고 나면 올가미를 잊는다. 말이란 뜻을 표현하는 데에 필요한 것이므로 뜻을 전하고 나면 말을 잊는다.

— 〈외물〉

살다 보면 '왜 그때 그렇게 말하지 못했나' 싶은 자책감에 사로잡히게 됩니다. 더 멋지게 말하고 싶었지만 그러지 못했던 순간들. 톡 쏘아붙임으로써 맞받아치고 싶었지만 그러지 못했던 순간들. 그럴 땐 말이란 뜻을 표현하는 수단 가운데 하나일 뿐임을 떠올려보는 것도 좋습니다. 뜻을 전할 땐 마음보다 진실한 수단은 없습니다. 아무리 노골적인 표현이라도 참되고 성실한 마음 앞에서는 작아질 뿐입니다.

120 정성 없이는
무엇도 움직이지 않는다

진실함이란 정성스러운 마음의 지극함에 있다. 정성스럽지 못하면 성실하지 못하게 되어 남을 움직일 수가 없다. 그러므로 억지로 통곡하는 사람은 비록 슬픈 척하더라도 슬프게 느껴지지 않는다. 억지로 화난 척하는 사람은 비록 엄하게 굴더라도 무섭게 느껴지지 않는다. 억지로 친한 척하는 사람은 비록 웃더라도 친밀하게 느껴지지 않는다. 진실로 슬픈 사람은 소리 내어 울지 않아도 슬프게 느껴진다. 진실로 화난 사람은 화를 내지 않아도 두렵게 느껴진다. 진실로 친한 사람은 웃지 않아도 친근하게 느껴진다.

— 〈어부〉

정성스럽고 간절한 마음은 하늘도 감동시킬 수 있다고 합니다. 억지스럽게 꾸며진 말과 행동은 순간의 그럴듯함을 전달하지만 상대방의 마음을 움직이기 어렵습니다. 진실한 말과 행동은 어떻게 비춰지는가를 초월하여 상대방의 마음을 움직입니다.

일요일

괜찮은 내일을 향한
변화의 문장들

《주역 계사전》

나의 마음과 나누는 대화는 뜻깊다

역(易)이란 무엇인가. 역이란 글자는 '바꾸다', '쉽다'의 의미를 담고 있다. 바꾼다는 것은 변화를, 쉽다는 것은 편안함을 뜻한다. 과거에는 주로 지금 처한 상황을 바꾸고 싶거나 삶이 쉽지 않다고 느낄 때 점을 쳤다. 오늘날 점집을 찾는 사람의 마음도 비슷하리라 생각한다. 내 삶에 어떤 변화를 주고 싶거나 조금 더 편안해지길 바랄 때 자연스레 떠오르는 곳이 점집이다. 하지만 점을 치는 것만으로 뭔가가 해결되는 경우는 없다. 점집에 찾아갔다고 바로 삶에 변화가 생기고 마음이 평화로워지기 어렵다는 뜻이다.

그럼에도 점집을 찾는 이유는 '무언가를 묻기 위해서'가 아닐까 싶다. 그리고 구체적으로 묻는 내용은 대체로 '때'인 경우가 많다. "남편이 이번 승진에서 밀렸는데 다음번에는 되겠습니까?", "이사를 했으면 하는데 언제가 좋겠습니까?", "재수생 아이가 있는데 올해는 원하는 대학에 들어가겠습니까?", "결혼을 하려는데 배우자 될 사람이 정말 결혼할 때에 찾아온 그 사람이겠습니까?" 이러한 질문들은 모두 때가 적절한지를 묻는 것들이라 볼 수 있다.

때란 기회를 뜻하기도 한다. 동양에서 때를 다스리는 것은 예로부터 하늘의 일이었다. 《논어》에는 '죽고 사는 것은 사람의 힘으로 어쩔 수 없고 부귀(富貴)는 하늘에 달려 있다'는 말이 나온다. 우리말에도 '작은 부자는 성실함이 만들지만 큰 부자는 하늘이 내린다'고 하였다. 이는 기회도 마찬가지다. 작은 기회는 사람이 만들지만 큰 기회는 하늘에 달려 있는지도 모른다.

선거를 해본 사람이라면 투표용지에 찍힌 '복(卜)' 자를 기억할 것이다. 복에는 '점친다'는 의미가 담겨 있다. 그러므로 선거란 민중의 뜻을 점친다는 뜻이다. 민중의 뜻을 점친다는 말은 민중의 의사를 묻는다는 의미와 같다. 동양에서는 민심(民心)이 천심(天心)이라고 하여 민중의 뜻이 곧 하늘의 뜻임을 강조해왔다. 이런 의미에서 점이란 하늘의 뜻을 묻는 일이라고도 볼 수 있다.

종합하면 역이란 변화를 점치는 일이다. 그리고 내 삶이 변화하기 위해 필요한 하늘의 뜻을 묻는 일이다. 하늘은 사람의 물음에 사람의 말로 대답하는 경우가 없다. 하늘은 늘 사람의 마음을 통해 자신의 뜻을 전한다. 그러므로 사실 점이란 남이 나를 대신해 쳐줄 수 없는 무언가다. 내 마음을 나보다 더 잘 알 수 있는 사람은 없기 때문이다.

점집에 가서 운수의 좋고 나쁨을 묻는 것은 잠시나마 마음에 안정을 줄 수 있을지 모른다. 하지만 그로부터 진정한 삶의 변화를 도모하기란 어렵다. 진정한 변화는 스스로의 마음을 면밀히 살펴보고 내 마음에 깃든 하늘의 뜻을 끊임없이 물음으로써 일어난다.

자신의 마음과 깊이 있는 대화를 나눌 수 있는 사람의 삶은 저절로 길해진다. 그러나 자신의 마음은 도외시한 채 자신의 일을 남에게 묻거나, 외부의 힘에 의존하여 살아가려는 사람의 삶은 흉해질 수밖에 없다.

일요일은 매번 같은 듯 다르게 변화하는 일주일의 시작이자 끝이다. 새로운 한 주가 지난 한 주보다는 조금이나마 좋은 방향으로 변화하길 바라는 마음은 모두가 같다. 그런 의미에서 일요일의 《주역 계사전》 필사를 통해 스스로의 마음과 차분히 대화를 나누고 또 내 마음에 깃든 하늘의 뜻을 묻는 일은 뜻깊다.

주역이란 고대 중국의 왕조였던 주(周)나라의 역(易)이라는 뜻이다. 《역경(易經)》이라고도 불리는 《주역》을 문자 그대로 '세상 만물, 즉 우주의 변화'로 보는 시각도 있다.

대대로 《주역》을 전하기 위해 쓰인 해석 가운데 가장 뛰어난 것들을 추려 《십익(十翼)》이라고 한다. 십익이란 '열 개의 날개'라는 뜻이다. 몸통만 있고 날개만 있는 새는 하늘을 날기 어렵다. 《주역》 원전에 담긴 내용이 몸통이라면 《주역》이 더욱 잘 비상할 수 있도록 날개 역할을 한 것이 《십익》이다.

이 가운데 가장 뛰어난 날개를 하나만 꼽아보라고 한다면 많은 분들이 단연 상전(上傳)과 하전(下傳)으로 구성된 〈계사전(繫辭傳)〉을 떠올릴 것이다. 그만큼 〈계사전〉은 한학의 내로라하는 명문장이 아닐 수 없다.

일요일의 《주역 계사전》 필사가 새로운 일주일에 좋은 변화가 일어나는 계기가 되기를 겸손한 마음으로 바라게 된다.

121 말과 행동의 영향력은
멀리까지 드러난다

군자가 자기 방에 있으면서 말을 뱉어도 그 말이 좋으면 천 리 밖에서
도 화답한다. 하물며 가까이 있는 사람들이야 어떻겠는가. 자기 방에
있으면서 혼잣말을 뱉어도 그 말이 좋지 못하면 천 리 밖에서도 원망
한다. 하물며 가까이 있는 사람들이야 어떻겠는가. 내 말은 내 몸과
마음으로부터 나아가 백성에게 미치는 것이다. 내 행동은 가까운 곳
으로부터 시작되지만 멀리까지 드러나는 것이다.

군자는 혼잣말이라도 조심합니다. 마음이 표출된 것이 말이기 때문입
니다. 말과 행동은 가장 가까운 내 마음으로부터 나가지만 그 영향력은
세상 끝까지 미치는 것입니다.

겸손의 미덕

수고로우면서도 뽐내지 않고 공을 세우면서도 자신의 덕으로 여기지 않으니 정성스러움의 극치다. 공을 세웠음에도 남에게 자신을 낮추는 인격의 위대함을 말하는 것이다. 덕이 성대할수록 예(禮)는 더욱 공손해진다. 겸손함이란 공손함을 지극히 하여 그 위세를 보전하는 것이다.

겸손함이 지극할수록 '나도 주인공, 당신도 주인공'의 마음인 예(禮)는 더욱 빛을 발합니다. 진정 예절 바른 사람은 겸손함으로써 오히려 위세를 떨치게 됩니다.

123 삶이 어지러울 땐
언어를 돌아보라

우리 삶에 어지러움이 생기는 데에는 언어가 실마리가 된다. 임금이면서 그 언어가 주도면밀하지 않으면 신하를 잃게 된다. 신하이면서 그 언어가 주도면밀하지 못하면 목숨을 잃게 된다. 기회가 되는 일에서 그 언어가 주도면밀하지 않으면 해로움이 생겨난다.

언어의 중요성은 아무리 강조해도 지나치지 않습니다. 언(言)이란 '일방적인 나의 진술'을 뜻합니다. 어(語)란 '쌍방적인 우리의 대화'를 뜻합니다. 말 한마디로 천 냥 빚을 갚기도 하지만 말 한마디로 남과 나를 죽이고 해치는 경우도 있습니다. 오늘날에는 '댓글'이라는 일방적인 나의 진술이 점차로 늘어나고 있습니다. 익명성을 무기로 아무렇게나 말하는 버릇은 언어 습관에 치명적입니다. 눈앞의 사람에게 내뱉기 어려운 말은 혼잣말로도 내뱉지 않아야 좋겠습니다.

침묵할 때와
발언할 때를 알라

군자의 도는 용맹무쌍하게 나아갈 때도 있지만 조용히 자리를 지키며 움직이지 않을 때도 있다. 침묵으로 말을 아낄 때도 있지만 목소리를 높여 발언할 때도 있다.

'조용한 가운데 움직임이 있다'는 정중동(靜中動)과 '움직임이 있지만 고요하여 움직이지 않는 것처럼 보인다'는 동중정(動中靜)의 미학이 잘 드러난 대목입니다. 정이 동으로 변하고 동이 정으로 바뀌는 순간을 잘 포착할 수 있어야 지혜로운 사람입니다. 상황에 따라 움직이지 않음이 최상의 용감함일 수도 있고, 침묵을 지킴이 최상의 웅변일 수도 있음을 잊지 말아야 좋겠습니다.

125

스스로의 그릇을 모르면
재앙이 미친다

덕은 야박하면서 자리만 높다. 아는 것은 적으면서 큰일만 도모하려고 한다. 힘은 달리면서 무거운 임무를 맡았다. 이런 상황에서 재앙이 미치지 않는 경우는 드물다.

높은 자리에 가려는 사람은 먼저 스스로의 덕성을 가꾸어야 합니다. 큰일을 꾀하려는 사람은 먼저 스스로의 앎을 넓혀야 합니다. 중대한 임무를 수행하려는 사람은 먼저 스스로의 내공을 길러야 합니다. 그래야 재앙으로부터 멀어질 수 있습니다.

126 잘못을 안다면 절대로 반복하지 말 것

내 삶에 선하지 못함이 있거든 그걸 알아차려 고치지 않음이 없다. 일단 알아차리게 된 이상 절대로 반복하지 않고자 노력한다.

공자는 잘못을 알고도 고치지 못하는 것이 진짜 잘못이라고 합니다. 공자의 애제자인 안회는 잘못을 반복하는 일이 없었다고 합니다. 선하지 못한 부분은 누구에게나 있습니다. 선하지 못한 부분을 알아차렸다면 고치고자 노력하고, 고쳤다면 반복하지 않고자 노력해야 좋겠습니다.

127 운수를 대통하게 만드는
사람의 특성

하늘이 돕는다는 것은 그 사람이 하늘의 법도에 순응함을 뜻한다. 사람이 돕는다는 것은 그 사람이 믿음직스러움을 뜻한다. 믿음직스러운 말을 실천하고 하늘의 법도에 순응할 것을 생각하고 자신을 낮추어 현명한 사람을 받든다. 그러므로 이런 사람은 하늘로부터 도움을 받을 수밖에 없으며 그 운세가 길하여 이롭지 못함이 없다.

하늘은 자조(自助)하는 존재입니다. 자조란 '스스로 돕는다'는 뜻으로, '하늘도 스스로 돕는 자를 돕는다'는 말은 이로써 온당합니다. 끊임없이 자신을 좋은 쪽으로 변화시켜 나가는 일이야말로 하늘의 뜻에 순종하는 가장 좋은 방법입니다. 사람은 더불어 사는 존재이므로 신뢰를 지키는 일이야말로 사람들이 나를 돕도록 하는 가장 좋은 방법입니다. 매사 신뢰를 지키고 스스로를 도우며 나보다 현명한 사람을 질투하는 대신 존중한다면 저절로 운수는 대통하게 됩니다.

글보다 말을,
말보다 마음을 갈고닦는다

글로는 말을 다할 수 없고 말로는 뜻을 다할 수 없다. 그러니 성인의
진정한 뜻이 다 드러날 수야 없지 않겠는가?

수십 통의 편지를 주고받는 것이 한 통의 전화를 하는 것만 못할 수 있습
니다. 수십 통의 전화를 하는 것이 직접 만나 대화를 나누는 것만 못할
수 있습니다. 아무리 글을 잘 쓰는 사람이라도 하려는 말을 글로 다 전
달하기란 어렵습니다. 아무리 말을 잘하는 사람이라도 전하려는 뜻을
다 전달하기란 어렵습니다. 뜻이란 대체로 마음의 느낌을 통해서 전달
되는 것입니다. 그러므로 성인은 글재주와 말재주에 앞서 스스로의 마
음을 가지런히 갈고닦습니다.

129 운수란
나의 행동에 대한 결과

길흉(吉凶)과 회린(悔吝)이란 움직이고자 하는 결단에서 생겨나는 것이다. 강함과 부드러움은 변화의 근본을 세우는 것이다. 변통(變通)이란 때의 뜻에 따라 움직이는 것이다.

길흉(吉凶)이란 운수의 좋고 나쁨을 뜻합니다. 회(悔)란 운수가 나빠서 후회스러웠던 경험을, 린(吝)이란 운수가 좋아서 소중하게 여겨지는 경험을 뜻합니다. 길흉과 회린은 모두 나의 행동에 대한 결과로 볼 수 있습니다. 과거의 흉한 경험을 통해 지난 행동들을 반성하고 지금의 행동들을 통해 미래의 길한 경험을 창출해 나가는 일이 역(易)의 존재 이유입니다. 양(陽)을 상징하는 강함과 음(陰)을 상징하는 부드러움은 변화의 근본입니다. 강해야 할 때 강하게 행동하고 부드러워야 할 때 부드럽게 행동해야 그 행동이 통할 수 있습니다.

130 길흉은 스스로 만들어 가는 것이다

길흉이란 바르게 극복하는 것이다. 하늘과 땅의 도는 바르게 보여주는 것이다. 해와 달의 도는 바르게 빛나는 것이다. 천하의 움직임이란 오직 하나로써 바르게 되는 것이다.

점괘는 틀림없이 그대로 되고야 말 것이니 마음껏 기뻐하라거나 마냥 주저앉아 있으라는 주문이 아닙니다. 스스로를 변화시킴으로써 좋은 운세가 나빠지지 않도록 노력하고, 나쁜 운세가 좋아지도록 지혜를 제시하는 것입니다. 하늘과 땅, 해와 달처럼 쉬지 않고 성실하게 변화하는 사람은 운세의 길흉에 스스로의 가능성을 매몰시키지 않습니다. 그저 끊임없이 극복해 나갈 뿐입니다.

성인은 자칭할 수 없다

하늘과 땅의 가장 큰 덕이란 살려줌에 있다. 성인의 가장 큰 보물이란 자리에 있다. 자리는 어떻게 지키는가? 사람들의 마음이 지켜주는 것이다. 사람들의 마음이란 무엇으로 모으는가? 재물로 모으는 것이다. 재물을 공평하게 관리하고 말을 바르게 함으로써 민중들의 마음이 어긋나지 않게 하는 것을 정의라 한다.

성인은 자칭할 수 없습니다. 사람들이 성인이라고 여기는 것입니다. 그러므로 사람들의 마음을 사지 못하고 성인이 될 수 있는 사람은 없습니다. 사람들의 마음을 사는 데에는 투명하게 관리하고 바르게 말함보다 좋은 것이 없습니다.

132 위기는 곧 변화의 기회

궁지에 몰리면 변하게 되고 변하면 통하게 되며 통하면 지속된다.

사람은 곤경에 빠져보아야 비로소 변화할 수 있습니다. 곤경은 나만의 세계로부터 벗어나는 계기를 마련해 주기 때문입니다. 사방이 꽉 막혀 있던 나만의 세계로부터 스스로를 해방시킬 때 나는 세상과 통하게 될 수 있습니다. 세상과 통하는 사람만이 스스로의 삶을 계속해 나갈 수 있습니다.

점괘를 대하는 마음가짐

송골매는 맹금류다. 활과 화살은 쓰임새다. 활을 쏘는 것은 사람이다. 군자는 쓰임새를 몸에 감추고 있다가 때를 기다려서 움직이니 무슨 불리함이 있겠는가? 움직임에 방해될 것이 없기에 나아가면 곧 승리한다. 이것이 쓰임새를 먼저 이뤄놓고 움직이는 것이다.

변화는 추구해야 할 목적입니다. 점괘란 목적을 위한 쓰임새입니다. 쓰임새를 만들어내는 것은 사람입니다. 쓰임새의 좋고 나쁨은 만드는 사람의 인격에 달려 있습니다. 성숙한 인격만 제대로 갖춰져 있다면 점괘란 움직일 순간을 파악하는 데에 필요한 나침반이나 스톱워치 정도에 불과합니다. 길한 미래를 꿈꾸는 사람은 무엇보다도 스스로의 인격에 집중합니다.

작은 선행이라도 힘쓰고
작은 악행이라도 멀리하라

소인은 작은 선은 별 이득 될 것이 없다고 여겨 하지 않는다. 작은 악은 별 해로울 것이 없다고 여겨 계속한다. 그러나 악이 쌓이면 가려서 숨길 수 없고 죄가 커지면 풀 수 없다.

군자는 작은 흠으로도 크게 반성합니다. 소인은 큰 흠으로도 작게 반성합니다. 작은 선행이 쌓여야 큰 복이 되어 돌아옵니다. 작은 악행이 쌓여야 큰 재앙이 되어 돌아옵니다. 그러므로 군자는 작은 선행이라도 힘쓰고 작은 악행이라도 멀리합니다. 반면 소인은 작은 선행에 힘쓰지 않고 작은 악행을 대수롭지 않게 여깁니다.

135 흉한 점괘는 길한 방향의
출발점이다

위태롭다고 여기는 것은 오히려 그 자리를 안전하게 하는 것이다. 망할 것이라고 여기는 것은 오히려 그 있음을 보전하게 하는 것이다. 어지럽다고 여기는 것은 오히려 평화를 유지하게 하는 것이다.

지금 위태롭다는 것은 반대로 생각하면 그만큼 편안해질 가능성이 많다는 것입니다. 곧 망할 것 같다는 것은 그만큼 장차 성공할 가능성이 많다는 것입니다. 지금 상황이 어지럽다는 것은 그만큼 장차 평화롭게 될 가능성이 많다는 것입니다. 흉한 점괘는 흉한 결말을 의미하지 않습니다. 장차 길한 방향으로 나아갈 수 있는 가능성을 암시합니다.

미묘한 조짐을
모두 알아챌 수 없다면

미묘한 조짐을 아는 것은 신적인 경지가 아니겠는가? 군자는 윗사람과 사귀면서도 아첨함이 없고 아랫사람과 사귀면서도 업신여김이 없으니 그 미묘한 조짐을 아는 것이다.

큰 변화의 조짐은 쉽게 알아차릴 수 있습니다. 하지만 일상 속 수많은 변화의 조짐은 신만이 파악할 수 있습니다. 군자가 윗사람에게 공손하되 아부하지 않고 아랫사람을 존중하되 깔보지 않는 이유는 지위 역시 변하는 것임을 알기 때문입니다. 이로써 군자는 예고 없이 불어닥치는 변화의 흐름 속에서도 몸과 마음을 지켜낼 수 있습니다.

137 갈고닦은 뒤 실천하라

군자는 자신의 인격을 편안하게 한 뒤에 움직여야 한다. 자신의 마음을 평온하게 한 뒤에 대화를 해야 한다. 그 사귐이 안정된 뒤에 요구해야 한다. 행동과 대화와 요구, 이 세 가지를 잘 갈고닦은 뒤라야 운세가 온전해질 수 있다.

무언가를 호소해도 외면받는 경우가 있습니다. 그럴 땐 스스로의 인격을 돌아보아야 합니다. 또 사람들과 나의 관계에 신뢰가 있는지 반성해야 합니다. 믿음직스러워야 사람들은 비로소 나의 요구에 귀를 기울이고, 사람들이 귀를 기울인 상태에서 행동에 돌입해야 어떤 일이든 성공의 확률이 높아집니다. 실천보다 선행되어야 할 것이 인격의 도야이고 대화보다 중요한 것이 마음의 공부이며 요구보다 선행되어야 할 것이 인간관계입니다.

삶에서 변화란
떼어낼 수 없는 것

역(易)이 책으로 전하여지는 것은 우리 삶에서 멀어질 수 없다는 뜻이다. 역(易)은 밖으로 나가려는 사람에게나 안으로 들어가려는 사람에게나 두려움이 무엇인지를 깨닫게 한다. 또 우환이 무엇인지, 우환을 느끼는 이유가 무엇인지를 밝혀준다. 역(易)과 함께 살아가는 사람은 스승이나 보모가 없더라도 친부모가 항상 곁에서 감싸고 보살펴 주고 계신 것과 같다.

역(易), 즉 변화란 미지의 가능성을 뜻하기도 합니다. 미지의 가능성에 설레는 동시에 두려워할 수 있는 사람은 역(易)의 가르침에 따라 사는 사람입니다. 미지의 가능성을 얕보거나 거부하는 사람은 우환에 사로잡힐 가능성이 높습니다. 사람은 두려운 마음을 잊지 않아야 겸손할 수 있습니다. 겸손한 사람은 하늘의 보살핌을 받게 됩니다.

139

말을 보면
그 사람을 알 수 있다

신의를 배반하는 사람의 말에는 부끄러움이 스며 있다. 마음속에 의심을 품은 사람의 말은 이리저리 흩어져 갈피를 잡을 수 없다. 훌륭한 인격자의 말은 과묵하다. 조급한 사람은 말이 많게 될 뿐이다. 선한 사람을 모함하려는 사람의 말은 핵심 없이 겉돈다. 절개를 잃은 사람의 말은 비굴하다.

말을 통해 마음을 엿볼 수 있습니다. 신뢰를 저버렸거나, 남을 의심하거나, 마음이 조급하거나, 남을 모함하려거나, 신념을 잃은 사람의 말에는 수치심이 배어 있습니다. 실수를 저질러 얼굴이 벌겋게 달아오른 채 횡설수설하는 경험은 누구에게나 있을 것입니다. 수치심만큼 사람의 말을 교란하는 감정도 없습니다. 반면 훌륭한 인격자의 말은 무게가 있고 침착합니다.

당장은 삶이
움츠러든 것처럼 보일지라도

움츠림과 폄이 서로 감응하며 세상의 이로움이 생겨나는 것이다. 자벌레의 움츠림은 폄을 도모하는 것이다. 사람이 정성스러운 뜻으로써 움츠림은 언젠가 크게 자신의 쓰임새를 펴기 위한 것이다.

역(易)의 원리는 고무줄과도 같습니다. 길게 늘이면 그만큼 짧게 수축되고 짧게 수축된 것은 그만큼 길게 늘일 수 있게 됩니다. 자벌레는 움츠리지 않고는 앞으로 나아갈 수 없습니다. 지금 내 삶이 움츠러든 것처럼 느껴질 때도 분명히 있습니다. 그 움츠림을 무지갯빛 미래로 도약할 추진력으로 여겨 보는 것도 나쁘지 않습니다. 역(易)의 원리는 좌절이 아닌 희망에 있습니다.

필사, 마음의 고요를 느끼는 정중동의 시간

여행지에서 사진을 찍는 이유는 무엇일까? 아마 이 느낌을 두고두고 간직하고 싶다는 마음의 반영일지 모른다. 필사도 마찬가지다. 사람은 머리로 베낄 수도 있고 눈으로 베낄 수도 있다. 그럼에도 굳이 손으로 베끼는 이유는 그만큼 문장을 완전히 소화하고 싶다는 간절한 마음의 반영일지 모른다.

필사는 비단 오늘날만의 트렌드는 아니다. 과거로부터 동양의 선비들은 사경(寫經)을 즐겼다. 사경이란 '경전을 베껴 쓰다'라는 뜻이다. 컴퓨터도 없고 사진기도 없었을 때였다. 사람들은 삶에 도움이 될 것이라 여겨지는 내용을 직접 손으로 쓰며 나름의 삶을 꾸리고 문명을 이룩해왔다.

이번 책을 준비하면서 나 역시 몇 차례에 걸친 필사를 하지 않을 수 없었다. 1차로 고전에 담긴 문장들을 번역해야 했고 2차로 번역한 문

장들을 지면으로 옮겨야 했다. 3차로 지면에 옮긴 문장들을 해설해야
했다. 그 과정마다 필사가 빠지지 않았다. 책이 발간되기에 앞서 저자
인 내가 먼저 같은 문장을 3번 이상 필사한 셈이다.

서예가로서 가는 붓인 세필(細筆)을 쥐고 화선지에 고전을 필사해
본 적은 많지만 연필과 볼펜으로 원고지에 필사하기란 이번이 처음
이었다. 현대식 필사는 내게도 처음 하는 경험인 셈이다. 그 과정에
서 느낀 점을 이 책과 인연이 닿을 분들께 간략하게나마 말씀드리고
싶다.

첫째로 유래 없이 맑아지는 정신을 느낄 수 있었다. 여러 가지 일이
겹쳐 매일 쪽잠을 자며 작업을 할 수밖에 없었지만 그럼에도 매일같
이 눈을 뜰 때면 머리가 개운하고 정신이 명료했다. 아마 같은 컨디션
에서 필사책이 아닌 다른 작업을 소화해야 했다면 쉽게 끝마치기 어
려웠을 것 같다는 생각도 든다.

둘째로 고전의 문장들이 저절로 외워지는 신기한 경험을 하였다.
이 책에서 소개한 고전 가운에 《논어》, 《맹자》 등 유가의 고전과 《장
자》 등 도가의 고전은 내게도 익숙했다. 반면 《묵자》나 《한비자》 등
은 사실 나의 세부 전공과 거리가 멀었다. 그런데 한동안 까마득하게
느껴졌던 《묵자》나 《한비자》에 담긴 내용들이 집필을 마친 지금에
이르러서도 가슴 속에 맴도는 현상은 무어라 설명할 길이 없다.

셋째로 마음이 평온해지고 고요해짐을 체감할 수 있었다. 한없이
고요한 가운데 쓱쓱 지면을 내달리는 필기구의 움직임만이 있는 정

중동(靜中動)의 경지를 직접 느껴 보기란 처음이었다. 동양에서 공부의 목적은 세간에서 바라보는 성공이나 출세에 있었던 적이 없다. 마음의 수양을 통한 성숙한 인격의 마련만이 동양적 공부의 핵심이었다. 이번 작업을 통해 옛 선비들이 진정 마음을 바르게 함으로써 인격을 갈고닦기 위해 필사에 매진했음을 오롯이 이해하게 되었다.

한문은 번역에 따른 해석의 외연이 무척 넓은 언어 가운데 하나다. 같은 문장이 번역에 따라 전혀 다른 의미로 해석되기도 한다. 그래서 특히 한문 번역은 여러 사람의 관점을 종합할수록 더욱 풍성해지고 또 정확해진다. 그것만이 정답이라고 할 만한 번역이 있는 것도 아니지만 여러 번역을 참고하다 보면 좋은 해답이라고 할 만한 번역이 두각을 드러내기도 하는 셈이다.

이번 집필에서 고전의 번역들이 더욱 빛을 발하게끔 도움을 주신 분들이 있다. 월요일의 테마인 《논어》와 화요일의 테마인 《맹자》에 담긴 문장들의 번역은 이기동(李基東) 교수님의 저작인 《논어강설》(성균관대학교출판부)과 《맹자강설》(성균관대학교출판부)의 도움을 많이 받았다. 수요일의 테마인 〈대학〉과 〈중용〉의 번역과 관련해서는 박일봉(朴一峰) 선생님의 저작인 《대학 중용》(육문사)이 큰 도움이 되었다. 목요일의 테마인 《한비자》와 금요일의 테마인 《묵자》, 그리고 토요일의 테마인 《장자》 번역에는 김학주(金學主) 교수님의 저작인 《한비자》(명문당), 《묵자》(명문당), 《장자》(연암서가)의 도움을 얻었다.

마지막 일요일의 테마인《주역 계사전》의 번역에는 도올(檮杌) 김용옥(金容沃) 선생님의《도올 주역 계사전》(통나무)이 큰 도움을 주었다. 독자분들이 더 나은 문장을 필사할 수 있도록 노력함에 큰 힘이 되어주신 여러 선배님들께 지면을 빌려 삼가 깊은 감사의 말씀을 올린다.

이 책과 인연이 닿을 분들께서 필사를 통해 얻은 선한 에너지를 가까운 이웃, 특히 어려움에 처해 희망을 잃고 좌절하고 있는 이웃들과 또 세상에 널리 전해주시기를 간절한 마음으로 빌게 된다.

2024년 10월
겨울이 성큼성큼 다가오는 북한산 자락에서
제갈 건

2,500년 변치 않는 지혜를 새기기 위한 필사노트

마음의 소란을 다스리는
철학의 문장들

초판 1쇄 발행 2025년 1월 22일

지은이 제갈건
펴낸이 김선식, 이주화

기획편집 임지연
콘텐츠 개발팀 이동현, 임지연
콘텐츠 마케팅팀 안주희
디자인 STUDIO 보글

펴낸곳 ㈜클랩북스 **출판등록** 2022년 5월 12일 제2022-000129호
주소 서울시 마포구 어울마당로3길 5, 201호
전화 02-332-5246 **팩스** 0504-255-5246
이메일 clab22@clabbooks.com
인스타그램 instagram.com/clabbooks
페이스북 facebook.com/clabbooks

ISBN 979-11-93941-27-0 (03150)

㈜클랩북스는 독자 여러분의 책에 관한 아이디어와 원고 투고를 기다리고 있습니다.
책 출간을 원하시는 분은 이메일 clab22@clabbooks.com으로 간단한 개요와 취지, 연락처 등을 보내주세요.
'지혜가 되는 이야기의 시작, 클랩북스'와 함께 꿈을 이루세요.